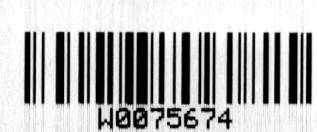

Die Jahre 1973–1974: Unsere DDR ist die größte der Welt

Sternstunden des DDR-Humors

1973–1974

Unsere DDR ist die größte der Welt

Eulenspiegel

Inhalt

MONTAGE-ANLEITUNG

Schnipseleien
Unser Friedhof braucht Dich
Bürgerfleiß in Städten und Gemeinden beseitigt

Es war einmal ein Land …

… in dem begannen die Märchen so: Dieses Jahr, Genossen, sind wir wieder ein gutes Stück vorangekommen. Die DDR machte von sich reden als eine der drei Weltmächte mit großem U im Landesnamen: USA, UdSSR und Unsere DDR. Sie war global berühmt als wirtschaftsschwacher Sportgigant. Unsere Bonsais waren die größten der Welt. Die Presse beflügelte ihre Leser mit Erfolgsmeldungen der dritten Art: Hurra, im vergangenen Planjahr wurden im Bezirk Gera 2000 Babys zusätzlich geboren! Unser Handel hatte alles. Was wir nicht brauchten. Wir hatten eine frei konservierbare Währung. Bei unseren Wahlen wählten wir nicht zwischen SED und CDU, sondern zwischen acht und neun Uhr früh, und hin und wieder übten wir Kritik. Nicht jedoch Kritik ohne Ansehn der Person, sondern gegen Personen ohne Ansehn. Unser Verkehrsminister konnte mit wenigen Zügen das ganze Land matt setzen. Unsere Züge wurden immer zugiger. Unsere Wagen wurden immer gewagter, allen voran unser Trabi, der startschnelle Sachsenporsche, von null auf hundert bis Sonnenuntergang. Die besten Straßen hatten wir leider nicht, dafür aber Straßen der Besten – mit überlebensgroßen Fotoporträts unserer Wettbewerbssieger. Und der sozialistische Wettbewerb war so was ähnliches wie kapitalistischer Konkurrenzkampf, bloß ohne Kapitalismus, ohne Konkurrenz und ohne Kampf. Das erstaunlichste aber war: Wir hatten seit langem schon eine Weltanschauung, obwohl wir uns die Welt noch gar nicht angeschaut hatten. So war das mit der »größten DDR der Welt«.

Ernst Röhl

DDR

Unsere DDR ist die größte der Welt

In der DDR wurde nicht nur gearbeitet, zur Schule gegangen, Sport getrieben, musiziert und Theater gemacht, sondern stets und überall gekämpft: um beste Arbeitsergebnisse, um gute Zensuren, um sportliche Höchst- und kulturelle Glanzleistungen. Und weil es **vorwärts immer, rückwärts nimmer** ging, stand man zwangsläufig irgendwann an der Spitze und war eben nicht nur die einzige, sondern die größte DDR der Welt. Fehlerdiskussion? **Still Genossen, pssst! Ganze leise**, keiner darf um keinen Preis irgendwas von dem erfahren, was schon lange jeder weiß – bei Ernst Röhl nachzulesen. Anfang der siebziger Jahre erkennen Frankreich, Großbritannien, schließlich die USA die DDR an. Mit stolzgeschwellter Brust empfängt Honecker zum Neujahrsempfang 1973 mehr als 70 Diplomaten aus aller Welt und zeigt: Die **DDR hat Weltniveau** ... wo ... wo ... wo ... echot der Volksmund. Eines aber galt uneingeschränkt. In seinem Bereich war **jeder der Größte**: der Kellner, der die Gäste plazierte – oder auch nicht, die Verkäuferin, die die Kunden bediente – oder auch nicht, der Pförtner, der einen einließ – oder auch nicht, der Handwerker, der kam – oder auch nicht, der Arbeiter, der den Plan erfüllte – oder auch nicht ...

John Stave

Sie trafen sich im Moskau

Was heißt: Sie trafen sich? Sie saßen schon geraume Zeit an einem längeren Tisch mit acht weiteren Personen. Plötzlich hatte eine der acht Personen gezahlt, und dann waren alle aufgestanden und gegangen. Die Tafel sah aus wie ein Schlachtfeld, aber an jedem Ende war einer übriggeblieben: Kostümjow und Schulze.

Kostümjow erhob sein Wodkaglas und prostete dem etwas traurig dreinblickenden Schulze freundlich zu. Schulze ergriff sein Bierglas und dankte zaghaft.

»Ich: Kostümjow, Boris«, sagte Kostümjow.

»Schulze, angenehm«, sagte Schulze.

Sie tranken zuerst Wodka auf den Moskauer Fernsehturm, dann Bier auf den Berliner Fernsehturm. Zum Wohl! Nasdrowje!

Zwei Kellner räumten schweigend ab. Kostümjow rückte näher an Schulze heran: »Ich aus Moskwa, Moskau. Kostümjow!«

Schulze sagte: »Ich aus Berlin, Berlino, verstehen?«

»Oh, Berlin – gute Stadt. Gute Stadt. Schön!«

»Moskau«, sagte Schulze, »auch gut, auch schön? Ich kenne dasselbe noch nicht.«

»Du mußt kennen – Moskwa! Wunderschön. Groooooooß!«

Schulze hatte nur nebelhafte Vorstellungen von Moskau. Den Kreml kannte er natürlich von Bildern her, das Lenin-Mausoleum, den Roten Platz, die Basilius-Kathedrale.

»Roter Platz«, sagte Kostümjow, »wunderschön. Lenin-Mausoleum, Basilius-Kathedrale, Kreml, Lomonossow-Universität, Kalininprospekt, Bjelorussischer Bahnhof ...«

»Warenhaus GUM«, ergänzte Schulze nicht ohne Stolz.

»Wollen wir trinken ein wenig«, sagte Kostümjow und umarmte Schulze.

»Brandenburger Tor«, fuhr Kostümjow fort, »Alexanderplaaaatz, Marktchaaale, Tierpark, Karl-Marx-Allee – Berlin gut, gut!«

Der Kellner brachte etwas Wodka und etwas Bier. Kostümjow küßte Schulze: »Trinkenszeit!«

»Ä – Theater in Berlin und Moskau – gut?« fragte Schulze.

»Guuuut, guuuuut«, sagte Kostümjow überschwenglich. »Bolschoi-Theater, wunderschön. Schwanensee, Tschaikowski – ich liebe Tschaikowski! Bolschoi-Theater – groß Theater!«

»Wir auch groß Theater«, sagte Schulze, »Friedrichstadtpalast, sehr bolschoi, sehr bolschoi! Ich liebe den Friedrichstadtpalast!«

»Gut, alles gut«, sagte Kostümjow und ließ noch was kommen. Eine Weile war Schweigen. Die Themen schienen erschöpft. Boris Kostümjow grübelte. Man sah es ihm an. Schulze hingegen sah ein wenig hilflos aus. Er war in seinem Leben nicht weit herumgekommen. In Prag war er mal, aber das war auch das Weiteste. Alles andere lag für ihn in unerreichbarer Ferne. Schulze fühlte sich recht unsicher. Der Wodka kam, das Bier kam.

»Nasdrowje, Genosse Schulze Angenehm«, sagte Boris Kostümjow. »Trinkenszeit!«

»Prosit, Herr Gospodin«, sagte Schulze, dem zwei bis drei russische Brocken geläufig waren. Die kleine Tochter hatte das wohl im polytechnischen Unterricht drangehabt oder durchgenommen gehabt.

Kostümjow hatte einen Einfall: »Fernsehturm!« rief er begeistert aus. »Fernsehturm – sehr gut!« Er umarmte Schulze.

»In Moskau«, fragte Schulze kläglich, »Fernsehturm auch gut?«

»Moskau Fernsehturm sehr, sehr gut. Fünfhundert Kilometer hoch! Nein. Fünfhundert Meter hoch – Ostankino. Trinken wir einen Wodka auf unsere Fernsehtürme – gut?«

Hoher Besuch

Sie tranken. Sie tranken zuerst Wodka auf den Moskauer Fernsehturm, dann Bier auf den Berliner Fernsehturm. Zum Wohl! Nasdrowje! Zum Wohl! Nasdrowje! Trinkenszeit!

»Du kannst weit, weit sehen, Genosse Schulze Angenehm«, sagte Kostümjow. »Du kannst sehen den Kreml, du kannst sehen Kalininprospekt, Lomonossow-Universität, Basilius-Kathedrale, Bjelorussischer Bahnhof ...«

»Warenhaus GUM nicht zu vergessen, Genosse Kostümjow«, sagte Schulze, der jetzt langsam etwas kregel wurde.

Kostümjow küßte seinen neuen Freund auf die Wange.

»Vom Telespargel«, sagte Schulzes Volksmund, »können Sie alles sehen, vom Telecafé aus, weil sich das dreht! Mußt du wissen!«

»In Moskwa Telecafé dreht sich auch. Immerzu, immerzu! Vierhundert Meter hoch! Du kannst sehen weit, weit!«

»Und ich kann sehen«, sagte Schulze eifrig, »Brandenburger

Tor, Alexanderplatz, Markthalle, Hotel Stadt Berlin, Müggelberge, Karl-Marx-Allee ...«
»Ja gut, karascho«, sagte Kostümjow und stieß an. »Du kannst sehen. Ich kann sehen und du kannst sehen. Wir können sehen!« Die beiden umarmten sich erneut. Es trat wiederum eine Pause ein.
Jetzt sah Kostümjows Boris ein wenig hilflos aus, während Schulze offensichtlich scharf nachdachte. Dann hellte sich sein Gesicht auf ...
»Wie ist es denn so mit dem Moskauer Fernsehcafé, wenn – Nebel ist?« fragte Schulze lauernd. »Naaaa?«
Kostümjow sah seinen Freund erstaunt an. »Wenn Nebel ist ...«

Wenn ich um sieben nicht zu Hause bin, dann macht meine Frau Theater, bolschoi Theater, verstehen?

Kostümjow grübelte. Schließlich gab er sich geschlagen: »Wenn Nebel ist – kannst du nicht sehen.«
»Kannst du nicht den Kreml sehen?«
»Nein.«
»Den Bjelorussischen Bahnhof?«
»Nein.«
»Kalininprospekt?«
»Nein! Auch das Warenhaus GUM kann ich nicht sehen. Wenn Nebel ist, Genosse Schulze! Aber du kannst auch nicht sehen Brandenburger Tor, Tierpark, Müggelberge, Karl-Marx-Allee.«
»Nich mal den Friedrichstadtpalast, Genosse Kostümjow, reene nischt«, gab Schulze nun seinerseits zu.
Kostümjow bekam wieder Oberwasser: »Du kannst nicht sehen, wenn Nebel ist, Kulturpalast von – Warschau!«
Das hatte gesessen. Schulze schluckte. »Du kannst nicht sehen den schiefen Turm von Pisa!« Das war etwas unsachlich, zugegeben.
Kostümjow schlug die gleiche Klinge: »Wenn Nebel ist, kannst du nicht sehen – Eiffelturm von Paris!«
»Wenn Nebel ist – von Berlin wieder mal aus betrachtet – kannst du den Moskauer Fernsehturm überhaupt nicht – erblikken!«
»Und du kannst von Moskwa, nein, ich kann von Moskwa den Berliner Fernsehturm, Spargetegel, genau nicht sehen. Wenn Nebel ist.«
»Erst recht nicht«, sagte Schulze. Er blickte auf die Uhr. »Au, Mann, halb sieben. Zahlen, Ober! Jetzt muß ich aber dringendst nach Hause. Wenn ich um sieben nicht zu Hause bin, dann macht meine Frau Theater, bolschoi Theater, verstehen?«
Die beiden erhoben sich, umarmten und küßten sich. »Doswi-

danie, mein lieber Kollege Kostümi. Hat mich sehr gefreut!«
»Und auf Wiedersehen, Genosse Schulze Angenehm. Du siehst, alles ist gut, mit Nebel, ohne Nebel!«
»Aber eins noch zum Abschied, Genosse Kostümi: Wenn Nebel ist am Moskauer Fernsehturm, vierhundert Meter hoch das Café – unseres zweihundert Meter hoch, dann könnt ihr da, äh, jetzt mal ohne Flachs – könnt ihr aber viel weiter nicht sehen als wir ...« Sie nahmen wieder Platz. Draußen indessen war von Nebel keine Spur.
Es ist ja auch wirklich nicht so leicht, mit einem wildfremden Menschen ein Gespräch anzuknüpfen. Aber wenn es erst einmal läuft, dann läuft es.

»Es klemmt mal wieder.«

Ernst Röhl

Im Dienste des Kunden

Von Zeit zu Zeit schlendere ich gern ein Stündchen in unserm Kaufhaus umher und lasse die Blicke munter schweifen. Einschmeichelnde Melodien des allgegenwärtigen Kaufhausfunks begleiten mich auf all meinen Wegen, und das sonore Organ des Moderators erfreut des Kunden Herz mit der Devise der Direktion. »City-Kaufhaus – das Haus, das Ihre Wünsche ... kennt!« Es kommt vor, daß mich die Lautsprechertips spontan zu Kaufaktionen hinreißen. »Acht erregende Brettspiele in einem Karton!« So tönte es neulich durch die Räume, als ich mir eben das Angebot in der Spielwarenabteilung ein bißchen näher besah. »Freude für die ganze Familie mit dem einzigartigen Spiele-Magazin aus dem VEB Verpackungsmittelkombinat Ehrenfriedersdorf!«

Da widerstehe, wer kann! Ohne Zeit zu verlieren, riß ich das erwähnte Spiele-Magazin aus dem Regal, eilte zur Kasse und zahlte. Die Verkäuferin händigte mir das Wechselgeld aus und sah ihre Mission damit als erfüllt an.

Freude für die ganze Familie mit dem Spiele-Magazin aus dem VEB Verpackungsmittelkombinat Ehrenfriedersdorf!

»Würden Sie mir bitte«, murmelte ich höflich, »den Karton freundlicherweise ein wenig einschlagen?«

Leicht überrascht blickte sie auf. »Und vielleicht noch'n rotes Bändchen drumrum – wie wär'n das?« Hohnschmunzelnd deutete sie zum Packtisch hinüber, wo außer einem Packen Papier eine dicke Rolle Schnur bereitlag. Für den Kunden. Zur Selbstbedienung.

Ich bin von Natur aus gefällig und sage selten nein, wenn ich einer Verkäuferin ein Stück Arbeit abnehmen kann. Kaum hatte ich mich in den Kampf mit dem Packpapier gestürzt, da riß mich die liebliche Stimme einer charmanten jungen Dame auch schon wieder heraus aus dem Faltgeschehen: »Sagen Sie, haben Sie so ein ganz, ganz kleines Kinderfahrrad?«

Die Dame gefiel mir, offen gestanden, ziemlich gut. Nicht zuletzt aus diesem Grunde fragte ich in Richtung Kasse: »Ist eigentlich das kleine Kinderrad am Lager?«

Die Verkäuferin: »Nee.«

»Wann kommt es wieder rein?«

»Keene Ahnung – bin ick Doktor Gerstner?«

»Bedaure unendlich, meine Dame«, sagte ich in Richtung Kundin.

»Halb so schlimm«, flötete sie und hatte dabei die Verkäuferin im Auge, »freundlich abgeschlagen ist immer noch besser als unfreundlich gegeben.«
»Was heißt abgeschlagen«, korrigierte ich, »ich wollte Ihnen ohnehin den Kauf eines Rollers empfehlen.«
Nachdem ich mit dem Roller Marke »Derby« eine Proberunde um die Spielwarenabteilung gedreht hatte, kam das Geschäft prompt zustande. Offenbar war mir die Verkaufshandlung mustergültig gelungen; denn nun bestürmten mich Kunden in hellen Scharen. Bereitwillig gab ich Auskünfte, beriet Unschlüssige, überzeugte Schwankende, erläuterte technisch Unbedarften die Funktion der Autorennbahn prefo und vergaß nicht, am Ende des Verkaufsgesprächs unverbindlich den Besuch der Fischabteilung vorzuschlagen, wo soeben Saßnitzer Deli-Makrele im Gewürzabguß frisch eingetroffen war.
Ein schönes Gefühl, gebraucht zu werden!
Rings um mich zufriedene Menschen mit erfüllten Wünschen.

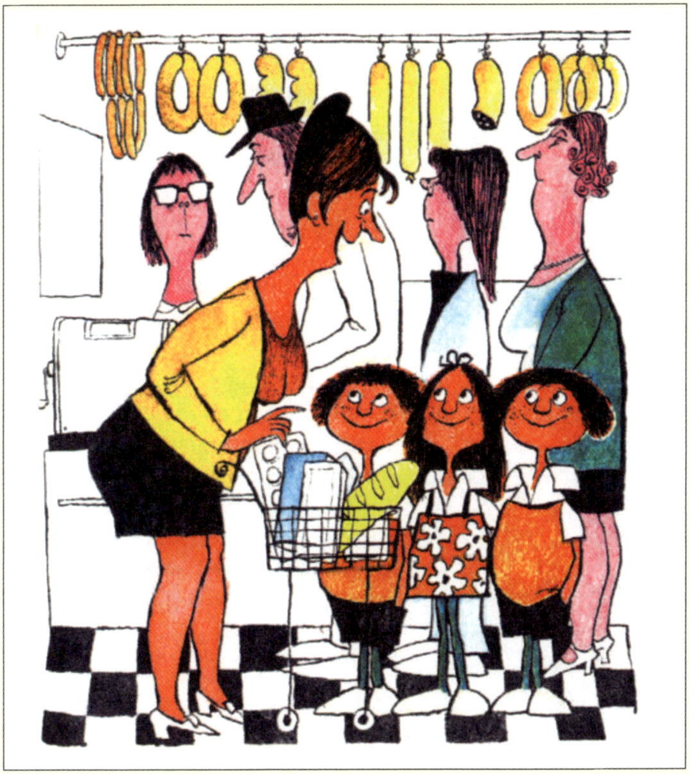

»Atze an den Fleischstand! Jacqueline zum Gemüse! Kalle stellt sich bei der Kasse an! Und ich geh einkaufen!«

Nur die Verkäuferin schien leicht verbittert zu sein. Kein Wunder – sie mußte pausenlos kassieren!
Und sie hatte einen Haufen Arbeit mit dem Kundenbuch! Jeder Kunde, den ich mit personengebundener Höflichkeit und geradezu laienhafter Freundlichkeit bedient hatte, wollte mich unbedingt mit einer lobenden Erwähnung ehren, der eine in gereimter, der andere in ungereimter Form.
Das Auftreten eines derart beknackten Verkäufers, wie ich einer war, lockte natürlich allerhand Neugierige in die Spielwarenabteilung, darunter einen Herrn mit Kamera, den man aber auch schon an seiner speckigen Lederjacke als Fotoreporter erkannte. Mit dem Riecher, der diesen Herrschaften eigen ist, drückte er just in dem Moment auf den Auflöser, als ich einen Warenhausdieb stellte, der klammheimlich mein verwaistes Spiele-Magazin gemaust und sich bereits an der Verkäuferin vorbeigemogelt hatte, für die diese Untat wohl nicht mehr wichtig war – die Ware war ja schon bezahlt.

Der herbeieilende Detektiv des Hauses klopfte mir auf die Schulter. »Gratuliere!« rief er. »Hinter dem Burschen waren wir schon lange her. Sie, mein Lieber, haben bei mir einen Wunsch frei.«
Das ließ ich mir nicht zweimal sagen! »Ich möchte«, erklärte ich schlicht, » jetzt endlich in aller Ruhe mein Spiele-Magazin verpacken.«
»Schon gewährt!« sagte er großmütig und führte den schweren Jungen zur Vernehmung.
Heute war ich mal wieder im Kaufhaus und bin von diesem Besuch noch immer beeindruckt. Gleich am Eingang nämlich prangt neben den Fotos anderer vorbildlicher Verkaufskräfte mein eigenes Porträt. An der Ehrentafel »Unsere Besten«.

Werner Knodel/Wolfgang Schaller

Meilensteine

Zwei Jugendliche laufen die Jubiläumsmeile.

Er (außer Atem): He, Molli, wollen wir die Jubiläumsmeile nicht doch lieber auf dem Rad zurücklegen?

Sie: Warum nicht? Auf einen Radfahrer mehr oder weniger kommts nun wirklich nicht mehr an! Aber du kannst die Meile auch schwimmen!

Er: Das glaub ich nicht. Hast du schon mal erlebt, daß bei uns eine Kampagne baden geht?

Sie: Voriges Jahr Festivalmeile, jetzt Jubiläumsmeile – ich latsch mir noch die Beine ab. Und womit soll ich dann vorwärtskommen?

Er: Versuchs doch mal mit der großen Klappe!

Sie: Wie 49 mein alter Oberlehrer, der hat den Mund auch zu weit aufgerissen: Wenn die DDR länger als ein Jahr besteht, freß ich 'n Besen!

Er: Na und?

Sie: Der kaut heut immer noch an den Borsten!

Er: Ich kenne einen, der hat schon vor 45 laufend das Manifest zitiert: Wir haben nichts zu verlieren außer unseren Ketten!

Sie: War er Marxist?

Er: Nein, Juwelier!

Sie: Guck mal rechts, die Häuser der Grunaer Straße! Schon Anfang 50 gebaut.

Er: Man merkts: die vielen Geschäfte!

Sie: Mein Onkel hat damals auch gebaut: 'ne Datsche.

Er: Ziegelbau?

Sie: Großplattenklauweise!

Er: Ich hab jetzt 'ne Neubauwohnung gekriegt. Mit allem Komfort: kein Rohr läuft, kein Riß breiter als zwei Zentimeter, keine Türklinke abgebrochen, Wasserhahn tropft nicht, wirklich Komfort!

Sie: ... kommt vor, kommt vor!

Er: Hier, ein Fünfzigmarkschein von vor 57.

Sie: Damit haben sie damals bei der Geldumtauschaktion in Westberlin die Wechselstuben tapeziert.

Er: Aber die Fünfzigmarkscheine, wo der Mähdrescher drauf ist, werden jetzt auch eingezogen?

Sie: Stimmt. Zuviel Stillstandszeiten. Halt doch mal den Schein ans Ohr!

»... schreiten wir nunmehr zur Wahl der Kommission für ...«

Er: Tatsächlich. Der Motor ist abgestellt. – Ich hab auch was, hier, 'n Bild. Das bin ich, noch 'n Junge, Anfang der sechziger Jahre.

Sie: Die Hose ist nicht zu!

Er: Zeit der Offenställe!

Sie: Das war die Zeit, da kriegte mein Bruder ein Parteiverfahren wegen Fremdgehen. Heute macht das die Gewerkschaft.

Er: Weils eine Massenbewegung ist.

Sie: Das war die Zeit, als die drüben mit uns auf ihre Art Skat spielen wollten.

Er: Doch damit wir nicht aus dem Schneider kommen, haben die geblufft und uns so lange gereizt …

Sie: … bis wir 61 mal kurz mauerten.

Er: Und jetzt sind se schwarz.

Sie: Paß auf, fall nicht ins Schlagloch!

Er: Das ist schon jahrelang hier. Das ist mit der DDR gewachsen.

Sie: Das hätten sie schon längst zuschütten können.

Mein FDJ-Sekretär hat soeben ohne Konzept gesprochen!

Er: Keine Zeit! Bedenke, es gibt Berufsgruppen, bei denen ist das, was früher, als Sonnabend noch gearbeitet wurde, der Freitag war, heute, wo Freitag noch gearbeitet wird, der Donnerstag.

Sie: Dafür ist dann der Montag ein halber Freitag.

Er: Aber ab hier sind die Straßen prima!

Sie: Ja, ja, die Friedensfahrt.

Er: Ich mach auch Sport. Hab vorigen Sommer sogar einen Siebentausender im Pamir bestiegen. Aber kein Wort davon auf der Sportseite!

Sie: In der Sportart gibt's ja auch keine Medaillen!

Er: Aber das war Integration im Sport! Mein Freund Aljoscha sicherte mich beim Aufstieg!

Sie: Dann stands bestimmt im Leitartikel!

Er: Apropos Integration: In meinem Betrieb gibt's 'nen Ingenieur, der ist bei der Integration so mißtrauisch, der würde am liebsten die Erdölleitung »Freundschaft« anbohren, um nachzugucken, in welche Richtung das Öl fließt!

Einer kommt über die Bühne und sagt zu ihm »Guten Tag!«

Er (sehr verdutzt): Ich glaub, wir sind zu weit gerannt, das muß schon der 50. Jahrestag sein!

Sie: Wieso!

Er: Mein FDJ-Sekretär hat soeben ohne Konzept gesprochen!

Edgar Külow

Vorschußlorbeer

Vorschußlorbeer – das ist richtig
Ist bei allen Sachen wichtig.
Also baun wir ein Hotel
riesengroß und furchtbar schnell.
Und die Zeitung, der das schmeckt,
lobt jetzt schon den Architekt'
und den Maurer und den Kleister
Und den Oberbürgermeister.
Alle reden wirklich nett
bei dem Spatenstichbankett.
Doch der Ärger geht dann los
spätestens im Erdgeschoß.
So ist's auch beim Fernsehspiel,
Vorschuß – und dann kommt nicht viel.
Und beim Film? Ein ganzes Jahr
Wie's bei'n Dreharbeiten war.
Am Theater wird gelobt,
daß man schon zwei Jahre probt,
weil dafür ein Orden winkt.
Ob das nicht gen Himmel stinkt?
Nur das Huhn muß Eier legen,
und man lobt es auch deswegen.
Legt es nicht, dann: ab der Kopf,
wandert's in den Suppentopf.
Darum einen guten Rat:
Zollt das Lob erst nach der Tat!
Für die Leistung, nicht die Mühe –
Es gäbe mehr Eier und weniger Brühe.

Worin besteht der Unterschied zwischen Wahlen in den USA, der Bundesrepublik und der DDR? In den USA können Sie zwischen mehreren Kandidaten wählen, in der Bundesrepublik zwischen mehreren Parteien und in der DDR, ob Sie vormittags oder nachmittags wählen gehen.

»Meine klare Entscheidung lautet: Entweder entschieden oder unentschieden, aber keine Halbheiten!«

Jochen Petersdorf

Ein Pförtner mit Herz

Meine Frau hatte an jenem Tag Prüfung. Sie studierte Kunstgeschichte. Ich beschloß, ihr in dieser schweren Stunde nahe zu sein und zog mit einem Blumenstrauß zur Universität. Allein meiner seelischen Erregung ist es zuzuschreiben, daß ich entgegen sonstigen Gewohnheiten in eiligem Schritt an der Pförtnerloge der Universität vorbeihuschen wollte. Ein markerschütternder schriller Schrei hemmte jählings meinen flüchtigen Fuß und erinnerte mich eindringlich an meine Bürgerspflicht. Ich sauste zurück zu jenem kleinem Fenster, aus dem das donnernde »Halt!« ertönt war, fingerte meinen Ausweis aus der Tasche, reichte ihn durch die Öffnung und sagte mehrmals in freundlichem Ton »Guten Tag! Guten Tag!« Der kahle Schädel hinter der Scheibe verlor allmählich seine dunkelrote Farbe.

Nachdem der Kollege Pförtner alle Eintragungen meines Personalausweises säuberlich abgeschrieben hatte, sagte er:

Und wenn ich durch meine Gutmütigkeit noch ins Gefängnis komme ...

»Und zu wäm wolln Sie?«

»Ich möchte hinauf in den dritten Stock und im Klubraum auf meine Frau warten. Sie hat nämlich gerade Prüfung, wissen Sie?«

»Ja, das geht nisch. Sie därfen da nisch nauf. Der Herr Brofessor hat da ohm Brüfung.«

»Ja, ja, eben deshalb möchte ich ja hinauf. Meine Frau wird doch geprüft. Ich möchte also im Klubraum auf sie warten.«

»Sie därfen da nisch nauf! Der Härr Brofessor hat Brüfung! Außerdäm därfen Sie iberhaupt nisch alleene da nauf, und isch gann jetzt nisch mit, weil ich ganz alleene hier bin!«

»Aber Kollege Pförtner, ich war doch gestern bereits ganz allein im zweiten Stock in der Plakatausstellung!«

»Ja, in d'n zweiten Stock, das is ja was ganz anderes. Dahin därfen Sie alleine, aber nisch ind'n dritten!«

»Dann möchte ich bitte in den zweiten Stock in die Ausstellung.«

Der Pförtner ließ ein zu Herzen gehendes Gelächter hören.

»Junger Mann! Sie müssen misch doch für dumm halden.

Isch weeß doch ganz genau, daß Sie nisch in die Ausstellung wolln, sondern in d'n dritten Stock. Hätten Sie gleich gesagt,

daß Sie in die Ausstellung wolln, da hätt isch Sie reingelassen, aber jetzt spielt sich da gar nischt mehr ab. Sie gomm nisch nein!«
Ich begann zu schluchzen. Nach einer halben Stunde standen auch ihm die Tränen in den Augen.
»Also wenn ich nur nich so e weiches Herze hätte«, sagte er. »Aber jetzt ist mersch ooch egal. Und wenn ich durch meine Gutmütigkeit noch ins Gefängnis komme. Ich schreibe Ihnen jetzt een Schein aus und laß Sie nauf.«
Er kramte in seinem Schub herum. Doch plötzlich strömte ein Flut von Tränen über sein Gesicht.
»Es geht nisch«, stöhnte er, »es geht nisch!«
Mir wurde ganz allmählich dunkel vor den Augen. »Warum um Himmels willen geht es denn nun wieder nicht?« lallte ich.
Wie aus weiter Ferne hörte ich ihn sagen: »Die Ausstellung ist jetzt geschlossen!«

»Wir faulenzen keineswegs! Allein die Arbeit, die wir mit uns selber haben, ist enorm.«

Ernst Röhl

Vom ungestümen Vorwärtsdrang des Krebses

Still, Genossen, pssst! Ganz leise!
Sachte! Hergehört, gebt acht;
denn wir haben – ausnahmsweise –
auch mal was verkehrt gemacht.

Dieser Hinweis ist vertraulich,
nicht bestimmt für Hinz und Kunz;
Mängel sind ja nicht erbaulich ...
aber das bleibt unter uns!

Keiner darf es offenbaren.
Keiner darf um keinen Preis
irgendwas von dem erfahren,
was schon lange jeder weiß.

Fehler masochistisch zeigen –
das ist falsch, politisch schwach.
Über Fehler muß man schweigen,
sonst macht sie uns keiner nach.

»Verdammt, irgendwas Positives zum drüber schreiben muß es doch auch hier geben.«

Alles zum Wohle des Volkes

Humorvolles aus dem Alltag

Die politische Zauberformel seit Amtsantritt Honeckers lautet: Einheit von Wirtschafts- und Sozialpolitik; es beginnt die Zeit, in der das Land über seine Verhältnisse lebt und in Sozialleistungen und Miet- und Lebensmittelsubventionen mehr investiert, als zuträglich ist. Heißbegehrte Importwaren kommen in die Läden, aber Engpässe in der eigenen Warenproduktion laufen nach der Formel **Kontinuität und Erneuerung**: ist einer beseitigt, tritt ein anderer auf. Was hat die DDR mit der Schweiz gemeinsam? Beide bestehen aus Bergen und Engpässen. Wer kann, kauft im Intershop. Die DDR-Bürger vervollkommnen das SKET-System – Sichten-Kaufen-Einlagern-Tauschen. Weltoffener gibt sich das Land gegenüber dem, was Ulbricht noch als **ekstatische Gesänge eines Elvis** verdammte: Die Jugend, die **Hausherren von morgen**, guckt in Richtung Westen, wenn es um Mode, Musik und Lebensgefühl geht, aber auch Rockgruppen made in GDR sprießen wie Pilze aus dem Boden, man rockt zu den Puhdys, zu Klaus Renft, zu Panta Rhei oder zu Nina Hagens Hit aus dem Jahr 1974 »Du hast den Farbfilm vergessen«. Und so manchem Typen fehlt jede **Antenne zur Jugend** – Irmgard Abe erzählt davon.

Renate Holland-Moritz

Mutter Klucke

Als Mutter Klucke spielte sich Agnes Kraus in die Herzen der Zuschauer. Der Film »Florentiner 73« entstand nach dem Buch »Das Durchgangszimmer« von Renate Holland-Moritz. Mit zwei Auszügen aus dem Buch erinnern wir an die unvergessene Schauspielerin.

Die Bescheidenheit der Schauspielerin spiegelt sich in einer Episode: Agnes Kraus, die noch von Brecht selber ans Berliner Ensemble engagiert worden war, wunderte sich, wie viele Assistenten im Theater herumliefen und schon nach wenigen Tagen die Prinzipalin Helene Weigel duzten und durch den Saal riefen: »Hallo Heli!« Das klang in ihren Ohren anmaßend. Agnes Kraus, die seit über zwei Jahrzehnten dem Ensemble angehörte, sagte: »Ick trau mir det nich.«

Als ich gegen sechs nach Hause kam, hörte ich schon im Korridor, daß die Klucken Besuch hatte. Ich würde mich also nicht ins Bett legen und dösen können, denn der Besuch mußte ja durch mein Zimmer gehen, um die Wohnung wieder zu verlassen. Vor Wut und Verzweiflung wurde mir immer elender zumute.

Das Zimmer sah indes angenehm verändert aus. Die Stehlampe hatte einen unverdienten Ehrenplatz in der Sesselecke am Ofen erhalten. Auf dem Tisch standen ein Kaffeegedeck und ein Tellerchen mit Käsekuchen, mein Lieblingsgebäck. Wie hatte das die Klucken nur ahnen können? Eine gewaltige Kaffeemütze wärmte ein kleines Kännchen. Ich bediente mich, und beim Trinken sagte ich fast unbewußt: »Donnerwetter!«

Das schien das erwartete Startzeichen zu sein. Jedenfalls öffnete sich die Tür zum Kluckeschen Zimmer, und die Witwe kam mit einer älteren Dame heraus. »Wohl bekomm's«, sagte die Fremde, »ich bin die gegenüberliegende Partei.«

»Det is die Knattern, unsere Nachberin«, erlärte Frau Klucke »die redet immer so jeschwollen. Und det is meine Kleene, für dich immer noch Frollein Platz. Ick muß ihr een bißken bemuttern, weil sie alleene is in der Welt, und det tut junge Dinger nich jut. Wie leicht kommt da wat vor, wat besser nich vorjekommen wäre, und denn is Heulen und Zähneklappern.«

»Na, ich weiß nicht, Margarete«, sagte Frau Knatter, mokant lächelnd, »Fräulein Platz ist doch immerhin schon volljährig und bedarf vielleicht gar nicht deiner stiefmütterlichen Fürsorge. Verständnisvolle Freundschaft wäre da ...«

Die Klucken schoß wie eine Rakete aus dem Sessel, auf dem sie sich ungebeten breitgemacht hatte. »Dir ham se wohl jebissen, du alte Jiftnatter! Wer is hier 'ne Stiefmutter? Was mischte dir überhaupt ein? Jönnste wohl andern nich det bißken Freude, wat man an een junget, aufwachsendes Menschenkind hat. Natürlich, wer sein Wochenendspaß nur aus een Altersheim bezieht, muß ja verknöchern.«

Die alte Knatter wurde blaß. »Das – das ist zu viel, Margarete«, sagte sie mühsam, »bitte, Fräulein Platz, ziehen Sie keine voreiligen Schlußfolgerungen. Takt und Bildung sind nun einmal Fremdworte für Ihre Wirtin. Aber wenn Sie sich einmal

wirklich von Mensch zu Mensch austauschen wollen, dann klingeln sie ruhig bei mir.« Sie warf der Klucken noch einen verachtungsvollen Blick zu und wandte sich zum Gehen.
»Mach dir bloß in deine Buchte, du olle Schrippe«, wetterte Frau Klucke und knallte die Tür hinter ihrer Nachbarin zu. »Wenn ick det schon höre: von Mensch zu Mensch austauschen! Nach son Mist muß ick direkt nachspülen.« Sie nahm ungeniert meine Tasse und schlürfte von ihrem erstklassigen Mokka.
Ich war müde und ein bißchen traurig. Hoffentlich, dachte ich, hoffentlich hat meine Annonce Erfolg. Mochte die Klucken nun mütterliche oder stiefmütterliche Gefühle für mich hegen, auf keinen Fall würde sie ein unehcliches Enkelkind in ihrem Durchgangszimmer akzeptieren. Und selbst wenn sie sich abfinden könnte, würde ich mich doch nie und nimmer mit dem Gedanken an ihre durchgehende Anwesenheit befreunden können. Nicht, wenn das Kind da war.
»Was die Knattern is«, meditierte sie hinter meiner Kaffeetasse, »so kann sie einem ja eijentlich nur leid tun. Sie is mal son Mensch, der ohne Mann nur 'ne halbe Portion darstellt. Wie der

Na, ich weiß nicht, Margarete, sagte Frau Knatter (Steffie Spira) mokant lächelnd, Fräulein Platz (Edda Dentges) ist doch immerhin schon volljährig und bedarf vielleicht gar nicht deiner stiefmütterlichen Fürsorge.

alte Knatter jestorben ist, war se noch janz frisch und schnucklich, und da hat se sich den Hujo anjelacht, een früherer Briefträjer, der jetzt im Altersheim lebt. Wir haben damals alle jedacht, er zieht bei ihr, wat det beste jewesen wäre. Aber sie hat ja sone verrückten Ideen mit Jewohnheit der Liebe und Püschologie und die Ehe als Fessel und sone Dinger, und nu kommt Hujo seit achtzehn Jahre nur am Wochenende und is in die Knattern verknallt, als wäre se ewich wie neu.« Sie trank wieder einen Schluck und blickte dabei ins Leere. »Jott, so schlecht is die Erna jar nich.«

Wie hat euer Lenin jesagt? Vertrauen is jut, Kontrolle is besser. Ick hatte immer Vertrauen zu dir.

»Sicher nicht«, sagte ich und gähnte, »aber jetzt muß ich ins Bett. Es war ein anstrengender Tag heute.« Die Klucken schlug sich entsetzt an die Stirn. »Ich quatsche und quatsche und reje dir uff, und du siehst schon aus, wie een Weißkäse, der Wasser jezogen hat. Jetzt aber marsch ins Bette und schlaf jut.« Ehe sie ihre Zimmertür hinter sich schloß, sagte sie verlegen: »Ick gloobe, ick bin wohl doch nur 'ne olle Stiefmutter.« Da wurde mir wieder ein bißchen schwach, und ich mußte heulen.

* * *

Als ich zu Hause die Korridortür abschloß, spürte ich sofort, daß etwas geschehen war. Die Klucken kam mir nicht wie üblich entgegen, sondern hantierte in der Küche. Auch auf den freundlichen Gruß, den ich ihr zurief, reagierte sie nicht. Gegen meine Gewohnheit ging ich nicht zu ihr, sondern begab mich gleich in mein Zimmer. Ich war unfähig, mich auch nur hinzusetzen. Die Atmosphäre war geladen wie vor einem Gewitter. Nach fünf endlosen Minuten kam sie endlich herein.

Sie sah entsetzlich aus. Ihre Augen waren rot und verquollen, ihr Gesicht war bleich, und ihre Hände verkrampften sich ineinander. Ich stand wie gelähmt und brachte kein Wort heraus. Sie sah mich an, als wäre ich ihr ärgster Feind. Endlich brach der Sturm los. »Det ist jut, det jefällt mir. Jetzt stehste da wiet Kind beim Dreck. Sonst immer Fröhlichsein und singen, und Mutterken hier und Mutterken da. Und im Grunde haste jedacht, die Alte is ja doof, soll die mir bekochen und beflicken sagen tu ick ihr noch lange nischt. Mit meine richtijen Jeschichten jeh ick bei andere Leute, die dämliche Klucken halt ick mir bloß für den Kleenkram. Aber da haste dir jeschnitten, mein Joldkind! Wenn de dir einbildest, die Olle stell ick vor vollendete Tatsachen, die wird schon spuren, da haste dir schwer geirrt. So bescheuert bin ick noch lange nich. Dir wer ick wat vorn Koffer husten!«

Ihre Stimme überschlug sich, sie wußte nicht mehr, was sie sagte. Mit letzter Kraft schleppte sie sich zu einem Sessel und sank schluchzend in sich zusammen. Nun war es auch mit meiner Fassung vorbei. »Wie hat euer Lenin jesagt?« rief sie mit tränenerstickter Stimme. »Vertrauen is jut, Kontrolle is besser. Recht hat er jehabt, der Mann. Ick hatte immer nur Vertrauen zu dir, ick hab mir jedacht, det Mädel steht alleene in der Welt, und dazu isse zu jung, det darf man als Mutter nich zulassen, und wenn det schon ihre eijene Mutter nich weeß, denn muß ick eben einspringen. Und ick hab et jerne jemacht, und ick hab mir jedacht, später wird et dir mal jelohnt, da biste denn ooch nich alleene, da kriegste vielleicht noch 'n netten Schwiejersohn zu und een paar niedliche kleene Enkelchen, und da kannste dir wieder kümmern und weeßt, wo du uff die alten Tage hinjehörst. Aber kontrolliert hab ick dir nie, weil ick jedacht habe, det is 'ne Sache für die Politik. Und nu hab ick jemerkt, det is janischt Politischet, det is wat Menschlichet, und det Vertrauen is eben ausjestorben, nur ick Dussel bin noch druff rinjefallen. Aber bei mir nich mehr, bei mir nich mehr!«

Die nächste große Filmrolle von Agnes Kraus war die der Schwester Agnes in der TV-Serie, die 1974 entstand. Hier fuhr sie mit ihrem Dienstmoped Typ Schwalbe von Dorf zu Dorf. Das Training, das Agnes Kraus auf diesem Gefährt absolvierte, hätte eine eigene Serie füllen können, denn für sie war es stets »ein Ritt auf einem feuerspeienden Drachen«.

Ihr Taschentuch war schon ganz naß, und sie schnaubte ungeniert in ihre Schürze. Im gleichen Ausmaß wie ihre Erregung zunahm, wurde ich ruhiger. Schließlich erhob ich mich vom Bett, brachte mein verheultes Gesicht in Ordnung und setzte mich in den Sessel ihr gegenüber. »Ich begreife ihren Zorn, Frau Klucke«, sagte ich und mußte mich mehrmals räuspern, weil meine Stimme noch nicht recht normal klang, »ich begreife Sie wirklich, das müssen Sie mir glauben. Ich bin nur nicht sicher, daß Sie mich begreifen, aber das kann ich auch gar nicht erwarten. Als ich zu Ihnen kam, wußte ich schon, daß ich ein Baby haben würde. Das war überhaupt der Grund, weshalb ich von meiner Mutter wegging. Sie hat genauso geschrien mit mir wie Sie, aber es ging ihr weniger um Vertrauen als vielmehr um die Schande, die ich ihr gemacht hätte. Ich war ihr einfach peinlich. Deshalb wollte ich allein sein. Nein, bei Ihnen war ich nicht allein. Und das lag nicht nur an diesem Durchgangszimmer. Ich fühlte mich wirklich wie neugeboren, ich hatte plötzlich ein Zuhause und eine Mutter, eine richtige Mutter. Trotzdem wollte ich wieder weggehen, denn ich hatte Angst davor, Sie zu enttäuschen. Nun ist es doch passiert, ich kann es nicht mehr ändern. Aber machen Sie sich keine Sorgen, ich werde Ihnen nicht länger zur Last fallen. Ich habe schon ein anderes Zimmer, und ich werde ...«

»Nischt wirste!« Die Klucke brüllte, daß die Fensterscheiben zitterten. »Jar nischt wirste, und vor allem wirste sofort mit diese blöde Siezerei uffhörn. 'ne Mutter, 'ne richtije Mutter – sagt man zu 'ne richtije Mutter Sie, du Kamel? Also! Und wat heißt hier, zur Last fallen! Du bist mir nie zu Last jefallen, und du wirst mir nich zur Last fallen, und wenn et Drillinge werden.

Aber daß du mir in Unkenntnis jehalten hast, wo et schon die Spatzen und die janze Florentiner von die Dächer pfeifen, det verzeih ick dir nie. Zu deine eijene Mutter, die weiß Jott keenen Schuß Pulver wert is, zu die haste Vertrauen jehabt, mit die haste jeredet. Aber ick muß mir erst von die Klatschweiber im Haus darüber uffklären lassen, wat in meine Familie los is. Det hätteste mir dürfen nich antun, det nich!«

Da ham wir's. Wenn Kinder Kinder kriejen ...

Ich gab ihr ein frisches Taschentuch aus meinem Schrank. Sie nahm es und sah mich nicht an. Nach einer Weile brauchte ich selbst ein neues Taschentuch. »Überhaupt«, fragte sie mit veränderter, fester Stimme, »wie haste dir denn dit allet jedacht? Willste det Würmchen in die Krippe stecken?«

»Es bleibt mir gar nichts anderes übrig. Das heißt, wenn ich das Glück habe, einen Krippenplatz zu kriegen.«

»Kommt jar nich in Frage! Denn kündije ick eben meine Uffwartestelle, und du mußt mir mehr Kostjeld abjeben. Det schaukeln wir schon. In die Krippe kommt det Kleene jedenfalls nich. Jeden Schnuppen, den eener vorbeiträgt, bringt et denn mit nach Hause, det wär ja noch schöner. Wie steht's denn mit die Aussteuer? Haste die etwa bei die Hartmanns versteckt?«

»Ich habe noch gar nicht ... Ich dachte, das hätte noch Zeit.«

Sie war wieder völlig in ihrem Element. »Da ham wir's. Wenn Kinder Kinder kriejen, wissen se nich mal, wat se dazu für Je-

lumpe brauchen. Morjen jehn wir einkaufen, zwee Dutzend Windeln, zwee Dutzend Unterlagen, sechs Wickeltücher ...«
Ich ging zu ihr und hockte mich neben den Sessel. Sie zog meinen Kopf an ihre Brust und streichelte mich, und es war fast wie an dem Tag, als ich bei ihr eingezogen war, nur daß inzwischen sehr viel mehr geschehen war und niemand das Gefühl hatte, unsere Familienbande seien erst vor einem Vierteljahr geknüpft worden.
»Und du willst den Kerl wirklich nich heiraten?« fragte sie hinter meinem Rücken. »Na, is ooch besser so. Ick mach ja allerhand mit, aber uff 'ne Scheidung bin ick eijentlich nich scharf.«
Nun mußte ich doch lachen, und auch sie hatte genug von Tränen und Rührseligkeit. Schließlich erhob sie sich energisch. »Ende der Vorrede. Jetzt hilf mir umräumen!« – »Umräumen?« – »Det Durchjangszimmer haste mir nu lange jenuch uff die Stulle jeschmiert. Und son Säugling braucht ja wahrhaftig seine Ruhe. Also ziehst du nach hinten und ick nach vorn, janz einfach. Erst räumen wir mal den Schrank aus.«
Es war schon fast Mitternacht, als wir die leicht bewegliche Habe von einem Zimmer ins andere gebracht hatten. »Det Bette und die Sessel kann uns Sohni morjen rüberschleppen. Und nu marsch, in die Falle!«
Sie setzte sich später noch einen Moment auf meinen Bettrand, sah mich liebevoll an und drückte mir einen Kuß auf die Stirn. »Dumme Jöre«, sagte sie beim Hinausgehen, »und det et mir ein Junge wird!«

Hans Glauche und Matthias Griebel

Gustav und Erich

Sketch der Dresdner Herkuleskeule

Erich: Wo bloß mein Freund Gustav heute wieder bleibt. Der wird doch hoffentlich nicht wieder von seinem letzten Geld die Miete bezahlen.

Gustav *(kommt mit großem Hausbuch):* Mein Erich.

Erich: Mei Gustav, heute mit Beschwerdebuch?

Gustav: Escha.

Erich: Nu, dafür isses ja ooch bissel kleene.

Gustav: Das ist so ein Parteibuch.

Erich: Wohl gleich für ?ne ganze Genossenschaft?

Gustav: Nee, nee, für die Parteien, die in so einem Haus wohnen.

Erich: Ach, da meinst du ein Hausbuch.

Gustav: Nu klar.

Erich: Und das schleppst du nun draußen rum?

Gustav: Weeste denn das noch nicht? Ich bin doch jetzt, wie heißt das gleich, also vorhin hatt ich es noch auf der Zunge.

Erich: Ne Blüte!

Gustav: Nee, es war was ganz Vertrauliches.

Erich: Trauzeuge!

Gustav: Nee.

Erich: Mann, du kannst …

Gustav: Richtig, Hausvertrauensmann.

Erich: Da haste ja wieder einen tollen Posten.

Die scheinen noch nichts von der Losung gehört zu haben: Plane mit – arbeite mit – reagiere mit

Gustav: Nu klar. Bei mir daheeme zum Beispiel troppt wieder mal der Gashahn. Wer machts? Ich!

Erich: Haste denn von sowas Ahnung?

Gustav: Nee, aber ich habe doch jetzt das Vertrauen.

Erich: Aber damit kriegst du keinen Gashahn dicht, da mußt du sofort das Gaswerk anrufen.

Gustav: Hab ich schon, die sind aber nicht zuständig. Die haben gesagt, ich hätte bloß Probegas.

Erich: Du meenst wohl Propangas.

Gustav: Nu klar.

Erich: Und was machste denn nun?

Gustav: Ich brat mein Fleisch, bis das Gas alle ist.

Erich: Was denkst du denn, was du dann noch in der Pfanne hast?

Gustav: Einen schönen Schmorbraten.
Erich: Da kannst du aber lange dran kauen.
Gustav: Muß ich ja auch. Was denkst du denn, wo unser nächster Fleischer ist?
Erich: Drei Straßen weiter.
Gustav: Nee, im Westen. Der muß geahnt haben, daß dort die Wurscht mal teurer wird als hier.
Erich: Ach, und seitdem lebst du bloß noch von Obst und Gemüse.
Gustav: Escha, unser Gemüsehändler ist schon seit drei Jahren in Rente.
Erich: Und der Laden?
Gustav: Ist jetzt Büro von der Abteilung Handel und Versorgung.
Erich: Ist ja ooch wieder gut, da hast du sie wenigstens alle gleich beisammen.
Gustav: Ja, aber nicht mehr lange. Die wollen sich vergrößern.
Erich: Haben sie denn schon was?
Gustav: Nu klar, unser Bäcker macht zu.
Erich: Und dort sitzen sie auch schön warm.
Gustav: Nu klar. Bloß wenn du einkaufen gehst, kriegst du das große Frieren. Off zwee Kilometer een Milchladen. Man kommt sich vor wie in der Innenstadt.
Erich: Wie reagieren denn da die Einwohner drauf?
Gustav: Das isses ja eben. Die scheinen noch nichts von der Losung gehört zu haben PLANE MIT – ARBEITE MIT – REAGIERE MIT … Bei der letzten Einwohnerversammlung war gerade einer da.
Erich: Du?

»Ach, bei uns läuft's. Wir mußten sogar 'n ganzes Ende anbauen!«

Gustav: Nee, nee, der Referent. Wir hatten mal wieder vergessen, die Leute einzuladen.

Erich: Nu, da dürft ihr aber auch nicht klagen.

Gustav: Das fehlt uns noch, daß wir uns deshalb uffm Gericht rumsielen.

Erich: Nee, ich meine, daß es in eurem Wohngebiet so traurig aussieht.

Gustav: Deshalb hab ich mich gleich verpflichtet, einen Spielplatz zu bauen.

Erich: Was du nicht sagst.

Gustav: Nu klar. Für siebentausend Kinder, mit Riesenrad, Geisterbahn und Gondelteich mit zweihundert Kähnen.

Erich: Aber denkst du denn, daß du das alles zusammenkriegst?

Gustav: An der Hauptsache fehlt es noch.

Erich: Am Material?

Gustav: Nee, ich krieg die Kinder nicht zusammen.

Erich: Schließlich kannst du ja als Hausvertrauensmann nicht alles alleine machen.

KOZEGEIKULEWO heißt Kommission zur Entfaltung eines geistig-kulturellen Lebens im Wohngebiet.

Gustav: Nee, da müssen sich schon alle Einwohner ein bißchen einsetzen.

Erich: Und die aktivsten davon müssen in eine Kommission.

Gustav: Bin ich doch. Ich bin dritter Vorsitzender der KOZEGEIKULEWO.

Erich: Nu, wenns dich ankotzt, tät ich doch dort nicht die erste Geige spielen.

Tag der offenen Hand

„Sie ham so lange auf mich warten müssen, dafür bekommen Sie ein fettes Trinkgeld."

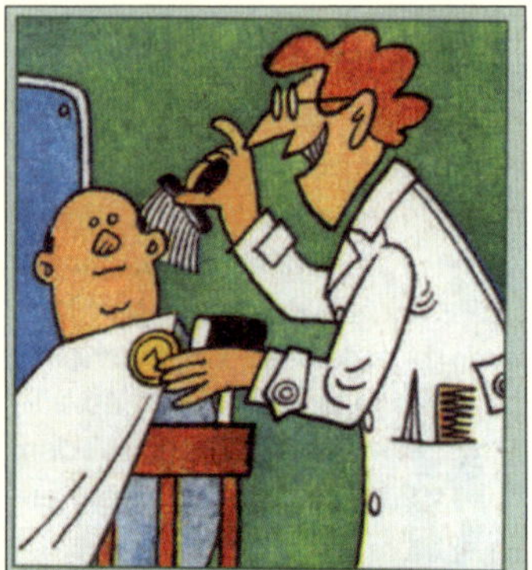

„Sie ham mir wenig Arbeit gemacht und so ein Trinkgeld verdient."

Gustav: Mei Erich, KOZEGEIKULEWO heißt Kommission zur Entfaltung eines geistig-kulturellen Lebens im Wohngebiet.

Erich: Da möchte ich bloß wissen, was du da entfaltest?

Gustav: Nu, am letzten Mittwoch hatte ich Chor angesetzt, und die Bude war voll.

Erich: Wie haste denn das bloß geschafft?

Gustav: Ich weeß nich, ob ich mich da verschrieben hab. Die dachten alle, Cohrs kommt. Nu bin ich bloß gespannt, wie es am Sonntag wird in der Gemäldegalerie.

Erich: Nu, da wird wohl nicht so viel los sein.

Gustav: Sag das nicht, dort hast du immerhin so berühmte Bilder wie die Sechstonnige Madina. Bloß als ich jetzt noch Lose für die Zwingerlotterie verkaufen sollte, hab ich protestiert.

Erich: Hast recht, da hättest du dir vielleicht eine Arbeit aufgeladen.

Gustav: Nu klar, laß mich das Pech haben, und ich gewinn den Zwinger. Da kannste vielleicht Schnee schippen, du!

Erich: Da kämst du mit so einem kleinen Buch auch nicht mehr raus. *(Blättert dabei in dem riesigen Hausbuch.)*

Gustav: Nu klar.

Erich: Mensch, mei Gustav, na gucke mal, das ist doch ein Sparkassenbuch.

Gustav: Das ist gut. Da hat mir meine Arbeit zum ersten Mal was eingebracht. Da hab ich gerade auf mein Hausbuch zweihundert Mark abgehoben.

„Kaufen Sie sich 'ne Schachtel Zigaretten, Sie war'n so ein netter Fahrgast."

„Schönen Dank für den Auftrag, und hier die schriftliche Bestätigung."

John Stave

Die Sache mit Bello

In meinem schönen neuen Anorak sowie meiner ebenso schönen neuen Hose aus Grisuten sehe ich trotz meines fortgeschrittenen Alters immer noch recht passabel aus. Was heißt: Ich sehe? Bis vergangenen Donnerstag, akkurat fünfzehn Uhr drei sah ich so blendend aus. Da hatte ich die Begegnung mit Bello.

Jetzt muß ich vorausschicken, daß ich von Natur aus ein sogenannter Tierfreund bin und zu Hause auch allerlei Kreaturen beherberge. Zum Beispiel einen Wellensittich, grün, der Waldi heißt und auch sprachgewandt ist. Des weiteren hat ein Igel seit vorigem Herbst eine Heimstatt bei mir gefunden und eine Schildkröte, mit der man sich aber weiter nicht unterhalten kann. Hunde habe ich keine, weil aus meinem Wolkenkuckucksheim im fünften Stock der oftmalige Weg aufs Gassi hinunter mir doch schon zu anstrengend erscheint. Aber lieb bin ich zu Hunden trotzdem, wie mir überhaupt alle Vierbeiner ans Herz gewachsen sind.

Pferde zum Beispiel besonders, deshalb esse ich sie, oder Teile davon, auch nicht und setze auch nicht auf sie. Katzen sind mir indessen weniger sympathisch. Aber das nur nebenbei.

Ich habe das sowieso alles nur vorausgeschickt, damit Leute, die mich nicht so gut kennen, die Sache mit Bello richtig einschätzen und an mir weiter kein Makel haftenbleibt.

Jedenfalls begebe ich mich jeweils nachmittags, wenn das Wetter es einigermaßen zuläßt, an die frische Luft und wandere durch die Stadt. Schon um mein Gewicht zu halten beziehungsweise zu bekämpfen. Also geschah es auch letzten Donnerstag. Ich hatte mein Mittagsschläfchen absolviert, sah nach dem Igel, der in seiner Ecke ebenfalls schlummerte, warf der Schildkröte eine Handvoll Suppengrün ins Gehege und unterhielt mich sogar eine geraume Weile mit Waldi, dem grünen Wellensittich. Aber dann verlangte meine Natur ihr Recht.

Na ja, der erste Teil des Spaziergangs verlief völlig normal. Obwohl es noch lange nicht drei Uhr war, standen die Leute bei Hellwich an, weil der immer so herrliche Liebesknochen fabriziert, aber sonst gab es keine besonderen Vorkommnisse. Dann jedoch, gleich hinter der Scharnweberstraße, nahm das Schicksal seinen Lauf. Ich muß noch vorausschicken, daß ich meinen schönen neuen Anorak aus himmelblauem Nylon anhatte und desgleichen auch noch meine nagelneue Grisutenhose, die mir so fabelhaft steht.

Das Unglück nahm wie gesagt seinen Lauf in Form von Frau Schubert, einer mir völlig unbekannten Dame von zirka fünfundfünfzig Jahren, die sich in Gesellschaft ihres Hundes Bello befand, aber nicht angeleint!

Die Namen der betreffenden Personen beziehungsweise Kreaturen erfuhr ich erst im weiteren Verlauf der Dinge.

Plötzlich trabte Bello, eine sympathische Mischung aus Dackel und Riesenschnauzer, auf mich zu und schnupperte an meiner erwähnten Kleidung. Ich verhielt den Schritt und hätte nun einfach in den Ruf ausbrechen können: »Verschwinde, du Töle!« Das machen ja leider viele Zeitgenossen in einer derart gefährlichen Situation. Meine oben erwähnte Liebe zur Kreatur jedoch verbietet mir derartige Entgleisungen von vornherein. Deshalb sprach ich das Tier in seiner ihm eigenen Sprache an. Ich bellte freundlich.

Dem Hund sträubte sich augenblicklich das Fell, und er nahm gar nicht erst eine drohende Haltung ein, sondern vergriff sich ohne Umstände an meiner nagelneuen Kleidung. Ritsch – war die Hose zerfetzt, und auch aus dem Anorak fehlten Sekunden später beträchtliche Teile.

»Rufen Sie das Tier zurück und die Schutzpolizei!« rief ich in meiner Todesangst. Und Bello wurde dadurch noch mehr angestachelt.

»Was geht hier vor?« fragte der herbeigeeilte Polizist streng.

»Hier, sehen Sie selbst, Herr Wachtmeister«, flehte ich und hielt ihm die Überreste meiner einstmals so stolzen Kleidung hin.
»Mein Name ist Schubert«, sagte Frau Schubert. »Ich bin die Hundehalterin!«
»Halterin ist gut«, lachte ich grimmig.
»Dieser Mann hier«, sagte Frau Schubert und deutete auf mich, »hat meinen Bello provoziert. Wir gingen ganz friedlich spazieren, da kam dieser blöde Kerl und bellte meinen Bello an!«
»Sie haben den Hund angebellt?«
»Gebellt ist vielleicht zuviel gesagt. Vielleicht mehr so – gewufft«, sagte ich errötend.
»Wie denn: gewufft?«
»Na so: Wuff, wuff, wuff!« machte ich, und schon schoß Bello wie eine Rakete auf mich zu und verbiß sich erneut in meinen Anorak, der von himmelblauer Farbe gewesen war.
»Ich kenne mich in der Hundesprache nicht so aus«, gab der Polizist zu, nachdem er mich von der Bestie befreit hatte. »Aber vielleicht ist das, was Sie da sagten, in irgendeiner Weise beleidigend oder kränkend für das Tier. Einigen Sie sich mit Frau Schubert in Ruhe. Sie wird ja irgendwie versichert sein. Und dann gebe ich Ihnen einen Rat: Wenn Sie in einer anderen Sprache nicht so ganz sattelfest sind, dann halten Sie Ihre Zunge besser im Zaum. Guten Tag!«
Was meinen Sie: Ob die Versicherung einspringt? Man wird doch mal bellen dürfen.

Eulenspiegeleien

BÄRCHEN ausgefischt

Hosen runter

Bärchen mag schöne Balkons. Ein hübscher Vorbau ist doch wohl der Stolz jeder Hausfrau. In diesen Tagen

»Warum hing in Fleischerläden immer noch wenigstens eine Wurst am Haken?«
»Damit niemand nach Fliesen fragt.«

„Gibt'sn überhaupt?" - „Weiß nich. Ich glaube, Jelängerjelieber."

Herren-Garnitur

mit Slip, weiß, PAS-Silastik

Durchgehend geöffnet!

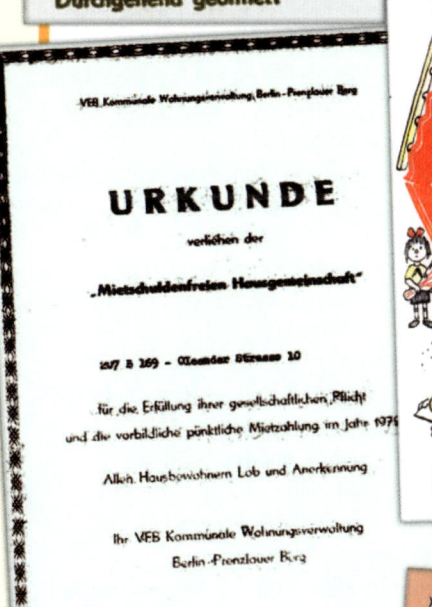

PGH Bild und Ton Zittau

Ab 15. Januar 1974 übernimmt die Konsumverkaufsstelle

Haus der Technik, Seifhennersdorf

Rumburger Straße, die Annahme und Ausgabe von defekten Rundfunkgeräten, Kofferradios und Phonogeräten.

VEB Kommunale Wohnungsverwaltung Berlin-Prenzlauer Berg

URKUNDE

verliehen der

"Mietschuldenfreien Hausgemeinschaft"

1577 B 169 – Oleander Strasse 10

für die Erfüllung ihrer gesellschaftlichen Pflicht und die vorbildliche pünktliche Mietzahlung im Jahre 1973

Allen Hausbewohnern Lob und Anerkennung.

Ihr VEB Kommunale Wohnungsverwaltung

Berlin-Prenzlauer Berg

(Kroblowski).

...en Kollektivs. Doch nicht nur darüber freut sich Lieselotte Ulbrich. Sie fühlt sich verantwortlich dafür, daß jene kleinen Dinge des täglichen Lebens, die oft Anlaß zu Ärger geben, möglichst immer da sind. Als Mitglied des Genossenschaftsrates unseres Bezirkes sorgt sie mit für günstige Handelslö...

»Weißt du, warum Zitronen sauer sind?«
»Sie sind die einzigen Südfrüchte, die in die DDR müssen.«

Hans-Joachim Preil

Erste Hilfe

Sketch mit Herricht und Preil

Herricht mit »Sanitätertasche« und Preil kommen auf die Szene.
Preil *(verständnislos):* Das ist mir doch völlig klar, und das weiß ja auch jeder Autofahrer, daß man stets und ständig eine »Erste-Hilfe-Tasche« bei sich haben muß.
Herricht *(bestätigt):* Sie sagen die Wahrheit. Und deshalb habe ich diese Tasche auch ständig bei mir ...
Preil: Natürlich doch nur, wenn Sie selbst Auto fahren.
Herricht *(streitet):* Das kann nicht sein. Denn wir haben gelernt, daß ein Autofahrer diese Tasche immer bei sich haben muß.
Preil *(verteidigt sich)*: Ich sagte doch schon ... wenn Sie selbst Auto fahren ... aber doch nicht als Fußgänger!
Herricht *(streitet):* Und wenn mich ein anderes Auto überfährt ...?
Preil *(bissig):* Dann werden Sie die Tasche schwerlich noch benötigen. Ich finde es grotesk, hier mit einem halben Arztbesteck herumzulaufen und noch keine Ahnung von Medizin zu haben!
Herricht *(widerspricht sofort):* Oho, sagen Sie das nicht, Herr Preil ... ich mache ja jetzt gerade meinen Konkurs ... für »Erste Hilfe«!
Preil *(fragt noch mal):* Bitte... was machen Sie?
Herricht: Einen Konkurs für »Erste Hilfe«! Ich lerne da so alles!
Preil *(unterbricht):* Moment doch mal ... einen Konkurs ... das heißt einen Kursus!
Herricht *(berichtigt):* Ja, ja ... ich habe nur Konkurs gesagt ... weil ich schon am Ende bin! Ich bin nämlich schon bei der dritten Hilfe ... bei der dritten Lektion ...
Preil: Sooo? Bei der dritten Lektion ... der »Ersten Hilfe«!?
Herricht *(stolz):* Ja, ja, ja, bei der dritten Lektion! Und davor war die zweite Lektion und davor die erste Lektion.
Preil *(unwillig):* Danke! Ich kann schon bis drei zählen.
Herricht *(ohne Arg):* Na, das ist doch schon was!
Preil *(will nun mehr wissen):* So, also bei der dritten Lektion? Da wissen Sie doch eigentlich schon allerhand?
Herricht *(triumphierend):* Nicht nur allerhand. Ich weiß eigentlich alles. Ich kann alles behandeln, jeden corpus delicti ... kann ich und so ... also, das ist wie gesagt, schon allerhand ...!
Preil *(unterbricht):* Nun, Moment mal ... gesetzt den Fall, ich käme zu Ihnen als schwer Kranker ... schwer Leidender!
Herricht: Ach, du Donner ... das ist natürlich schwer!
Preil *(stellt die Fangfrage):* Was würden Sie da nun machen?

Herricht *(sofort):* Da schicke ich Sie zum Arzt!
Preil: Nein, nein, nein ... mein Gott, es ist so schlimm, daß Sie mich sofort selbst behandeln müssen ...
Herricht *(aufmerksam):* Aha, es ist schlimm?
Preil: Ja ... sehr schlimm!
Herricht *(beeindruckt):* Das ist dann allerdings schlimm!
Preil *(forciert):* Nun los ... los ... Ich denke, Sie wissen alles ... mein Leben ist in Gefahr!!
Herricht *(erschreckt):* Oh, jetzt werde ich nervös!
Preil *(muntert ihn auf):* Da brauchen Sie gar nicht nervös zu werden ... noch lebe ich ja!
Herricht *(übereifrig)*: Ja, noch ... noch! Noch habe ich Sie ja auch nicht behandelt!

Herricht: Aha, so sieht also ein Drachen von innen aus!
Preil: Was soll denn das ...?

Preil *(ungehalten):* Bitte, was soll das! Damit macht man keine Scherze. Sie müssen doch zuerst einmal die Diagnose stellen.
Herricht *(angetan):* Das ist 'ne gute Idee. Ich stelle mich auf die Diagnose, dann kann ich alles viel besser übersehen.
Preil: Sie stellen sich nicht auf eine Diagnose ... bei einer Diagnose stellt man Fragen! Sie müssen mich etwas fragen!
Herricht *(verwundert):* Ach... was denn?
Preil *(kurz):* Zum Beispiel: Wie geht es? Oder was weiß ich ...!
Herricht *(freundlich):* Na, Herr Preil ... wie geht's denn so ...?
Preil: O Gott, natürlich schlecht! Das sagte ich ja bereits!
Herricht *(bleibt freundlich):* Wie geht's Ihrer Familie?
Preil *(böse):* Meine Familie hat doch damit nichts zu tun. Sie sollen sich mit meiner Konstitution befassen ...!
Herricht *(erstaunt):* Die kenne ich doch gar nicht!
Preil *(erklärt):* Die sollen Sie ja auch kennenlernen ... In den Rachen sehen, den Puls fühlen, Herz untersuchen und so weiter!
Herricht *(ist bereit. Schaut in den Mund):* Aha ... na, dann wollen wir mal anfangen. Sooo! Nun machen Sie mal auf ...
Preil *(öffnet den Mund, sagt):* Aaaaa!
Herricht: Aha, so sieht also ein Drachen von innen aus!
Preil *(explodiert):* Was soll denn das ...?
Herricht *(fährt fort):* Nun sagen Sie bitte »B«!
Preil *(erstaunt):* Wieso denn »B«? Man sagt doch gewöhnlich »A«?
Herricht *(weise):* Wer »A« sagt, muß auch »B« sagen!
Preil *(energisch, hält den Unterarm hin):* So ... jetzt bitte den Puls!
Herricht *(betrachtet die Ärmelmanschette):* Ooooo... Herr Preil!
Preil *(erstaunt):* Was ist denn?
Herricht *(bedenklich):* Ooooo... sieht blaß aus!

Preil *(wütend, streift die Manschette hoch):* Quatsch ... blaß! Das ist doch die Manschette, Menschenskind!
Herricht *(eifrig):* Na ... machen Sie frei ... machen Sie frei ...! Nun wollen wir mal sehen ... *(schweigt plötzlich betreten. Er blickt auf seine Uhr, dann auf den Puls, auf die Uhr, hört mit dem Ohr am Puls. Schüttelt das Handgelenk, betrachtet voller Entsetzen Preils Gesicht.)*
Preil *(wird nervös):* Was ist ...? Was ist denn ...?
Herricht *(betreten):* Herr Preil...
Preil *(völlig verunsichert):* Was ist ...?*(böse):* Was ist denn ...?
Herricht *(kläglich):* Sie sind ja schon tot ...
Preil *(entsetzt):* Was? Wieso?
Herricht *(albern):* Nee... meine Uhr steht!
Preil *(völlig konsterniert):* Das ist ja alles nicht zu fassen ... So ein horrender Blödsinn ... So, und jetzt noch das Herz!
Herricht *(bleibt fröhlich):* Na, dann zeigen Sie mal her, das kleine Herz! Wo haben Sie es denn wieder?
Preil *(erregt):* Nein ... das kann ich Ihnen doch nicht zeigen.
Herricht *(ungehalten):* Sie können nicht? Sie wollen nicht!
Preil *(erklärt völlig am Ende):* Ich will schon! Das müssen Sie doch abhören. Mit einem Schlauchstethoskop!
Herricht *(entschuldigt sich):* Entschuldigen Sie ... ich kam doch nicht auf den Schlauch! *(er kramt aus seiner Tasche ein Schlauchstethoskop):* Sooo, nun wollen wir mal sehen. Und nun nehmen Sie dieses Ende und schlucken es ganz langsam herunter ...
Preil *(faucht ihn an):* Sie sollen mich abhören!
Herricht *(beleidigt):* Sie hören mich ja dauernd ab. Ich komme ja zu keiner klaren Diakonisse ...
Preil *(schreit ihn an):* Diagnose ... verdammt noch mal!
Herricht *(keß):* Na ja ... Sie sprechen das Lateinisch aus. *(legt das Stethoskop an und hört angestrengt ab):* Ich höre ...
Preil *(neugierig):* Und was hören Sie...?
Herricht *(ernst):* Ja, ja ... ja, ja ...! Da ist immer besetzt!
Preil *(fast tobsüchtig):* Was heißt denn besetzt, Menschenskind? Wo suchen Sie denn das Herz?
Herricht *(regt sich auch auf):* Wo suchen Sie denn das Herz ... Haben Sie noch nie was von »Wanderniere« gehört? Warum soll nicht auch mal ein Herz wandern?
Preil *(sehr bestimmt):* So ein Quatsch! Wanderniere – Wanderherz ... Mein Herz habe ich doch im Brustkorb!
Herricht: Aha! Na, das ist ja interessant! Und wo haben Sie den Korb??? Schlamperei ... Wieder zu Hause gelassen!
(Er geht erhobenen Hauptes ab)

Anfrage an den Sender Jerewan: Kann man einen Moskwitsch mit 120 Kilometern um die Kurve fahren? Antwort: Im Prinzip ja. Aber nur einmal.

Irmgard Abe

Der da draußen rumsteht, ist Ulli

Bleibt mir doch gestohlen mit dem Generationskonflikt.
Konflikt! Konflikt! – Wo denn bloß?
Wir Alten lieben Frank Schöbel, die Jugend Johann Sebastian Bach. Uns fehlt also lediglich ein bißchen Modernität. Wissen, wie die Jugend lebt, den Ton finden und sich darauf einstellen.
Die Jugend nimmt die Pille, rennt ohne Unterwäsche rum, zieht mehr an, als sie anhat, und trinkt Cola mit Wodka. Bis Mitternacht. Nach Mitternacht Wodka mit Cola.
Wie verhält man sich also als moderner Mensch, bricht so ein Jugendlicher aller vier Wochen mal zu Hause ein und knallt, noch bevor er »Hejh!« geschrien hat, alle Radiotasten in den vierten Gang?
Ganz ruhig.
Zunächst vergewissert man sich, ob der Kühlschrank voll ist; man legt Geld und frische Unterwäsche raus, dann verläßt man – ohne äußere Anzeichen von Furcht – wie selbstverständlich das Haus und geht zum Nachbarn Rommé spielen.
Sofern der Jugendliche ein Mädchen ist, kann man ein übriges tun und alle halbe Jahr mal ins Krankenhaus fahren, wo das liebe Kind wegen Unterkühlung mit einer Nierenentzündung festliegt. Keinesfalls etwa Hemden mitnehmen, damit rumwedeln und von Dauerschäden kakeln! Hemden sind das Letzte, no sexy! Vielmehr spricht man forsch: »Na, wollen wir eine durchziehen? Einen Kleinen abbeißen? Oder sind die Typen hier echt bescheuert und machen in Gesundheit?«
So selbstbewußt muß man die Jugend angehen, gleichberechtigt, keinesfalls zach!
Auch gegenüber den Herren nicht, die an so einem Mädchen unweigerlich dranhängen.
»Mädel«, habe ich meinem Mädel gesagt, »ich wünsche diese Herren hier nicht zu sehen, bevor es dir nicht wirklich ernst ist, denn ich habe keine Lust, alle naselang für einen neuen Schwiegersohn die Fenster zu putzen und mir die Haare einzudrehen.«
Bitte sehr – mein Mädel hat sich prompt daran gehalten. Noch hat uns keiner von diesen männlichen Jugendlichen beunru-

higt. Der einzige, der ein gestörtes Verhältnis zur Jugend hat, ist Walter, der Mann, mit dem ich seit meiner Konfirmation lebe. Walter bringt es fertig, zu fragen: »Wo feiert denn das Mädel Silvester?«

»Wird schon irgendwo ne urste Truppe haben.«

Oder: »Mit wem zieht sie denn jetzt rum?«

»Vorm halben Jahr wars noch dieser Forellenzüchter, aber den kannste vergessen.«

»Woher weißt du das?«

»Weil der Fischtyp in Güstrow wohnt, und jetzt hat sie immer Fahrtkarten nach Leipzig in der Tasche.«

»Und wer ist das? Da in Leipzig?«

»Irgend so'n Ausländer wahrscheinlich.«

»Wieso?«

»Sie lernt jetzt Spanisch.«

»Mein Gott!«

Er ist Stehgeiger, vom Trinkgeld bezahlt er seine Alimente, aber weil er vom dauernden Stehen Krampfadern kriegt, schult er jetzt um auf Sekretärin.

So Walter. Ein stockkonservativer Typ, jede Antenne zur Jugend eingerostet.

Neulich wieder eine klassische Walter-Frage: »Ob das Mädel heute kommt?«

Warum sollte sie? Nur, weil ihr Vater Geburtstag hat? Das ist doch kein Grund, das ist nicht mal ein Thema. Wirklich, mitunter tut mir der arme Walter so richtig leid.

Aber dann, wir waren gerade beim Heringssalat, stand sie doch plötzlich in der Tür. Wedelte flüchtig an allen Gästen vorbei und erwähnte beiläufig: »Der da draußen noch rumsteht, ist Ulli.«

Walter wurde sofort stocksteif, rief lustig: »Ahaahaaha!« und starrte verängstigt auf die Tür, die so drohend offenstand. Auch mir saß der jähe Schreck bis zum Heft im Magen; das also war der Augenblick, dem jedes Mutterherz so bang entgegentukkert. Und gleich coram publico.

Welcher Typ würde da jeden Moment durch die Tür geschlendert kommen? Ein verunsicherter Künstler? Ein spinnerter Intellektueller? Oder ein wunderbarer Maurer, ein herrlicher Dachdecker, ein phantastischer Autoschlosser?

Doch außer ein paar abgehängten Mänteln gab die Tür nichts preis. Die Gäste schmissen mit Blicken rum, Walter begann nervös zu pfiffeln, ich spürte aufsteigende Hitze.

Endlich besann ich mich, daß wir es hier mit der Jugend zu tun hatten.

»Der da draußen rumsteht«, fragte ich mein Mädel, »steht der da noch lange rum? Oder kommt der rein?«

»Der geht gleich in die Küche«, sagte mein Mädel beruhigend. »Da kuckt keiner dumm, wenn er die Suppe aus der Hand schlürft. Der kann nämlich nicht mit Messer und Gabel.«
»Eure Tochter ist aber groß geworden«, sagten unsere Gäste.
Ich hatte mich jetzt völlig in der Hand. Bleichgesichtig, Schwarzhaut, Rothaut, lange Haare oder Glatze – irgendeiner mußte ja da draußen rumstehn. Der Typ, gegen den ich anrannte, machte mich auf der Stelle völlig ratlos. Ein Jugendlicher ohne Locken, ohne Bart – mit einer Fidel unterm Arm.
»Hällo!« stammelte ich lässig. Der Jugendliche verbeugte sich kurz, zupfte an diesen Saiten rum und folgte mir in die Küche. Er griff sich ein Trockentuch, rieb irgendwelchen Staub von seinem Instrument und suchte Zigaretten.
»Vielen Dank«, sagte er dann, »sehr freundlich.«
»Solche Anwandlungen hat er öfter«, erläuterte mein Mädel. »Übrigens: Wenn er Hunger hat, kratzt er immer am Kühlschrank und bellt unheimlich laut. Laßt euch davon nicht beeindrukken.«
»Kommt ihr dann wenigstens mal rein, Knicks und Diener machen?«

»Wenn ihr noch pampig werdet, verbieten wir die ganze Jugend!«

Mein Mädel zeigte mir kurz, wo der Vogel sein Nest hat: »Wir wollen baden, Mann, uns rieselt der Koks schon aus der Hose. Aber wenn du unbedingt schlank werden und tätig sein willst, kannste ja Betten beziehn. Wir sind echt alle.«
Der Jugendliche nickte immerfort und begleitete mein Mädel auf der Fiedel ins Bad, stumm entrückt, leichten Fußes.
Nach Mitternacht, wir rumsten gerade die Geburtstagspolka durch Haus, kamen die beiden aus dem Winterwald. Mein Mädel hatte dem Jugendlichen ein paar Tannenzweige gebrochen und ins Haar gesteckt. Sie huschten in den Stall zum Pferd, und wieder hörte ich zartes Gefiedel.
Morgens sagte mein Mädel: »War ganz putzig bei euch. Aber jetzt haun wir ab.«

»Schon? Wohin denn?« Nie hätte ich mein Mädel mit einer so tuntigen Frage belästigt, wäre ich nicht sicher gewesen, daß Walter mich den ganzen Tag deswegen löchern würde.
»Erst machen wir einen Zisch auf seine Bude, dann stoßen wir seine Alten um, diese Rockefellers.«
Der Jugendliche löste sich vom Fenster, durch das er eine halbe Stunde abwesend in den Wald geblickt hatte, er verbeugte sich und sprach: »Auf Wiedersehen. Und vielen Dank.«
»Wollt ihr nicht was zu essen mitnehmen?«
»Mann«, erwiderte mein Mädel unruhig, denn der Fiedler schritt bereits durch die Gartentür dem Wald zu, »seine Alten haben Heu wie Moos am Kies, die kochen nicht Kartoffelschalen aus wie ihr. Aber er – ein herrlich kaputter Typ! Findste nicht?«
Strahlend, mit großen Sätzen, sprang sie ihm nach in den Wald.
Ich hoffte, Walter würde lange schlafen, schön verkatert sein und sich an den, der gestern da draußen rumstand, nicht mehr erinnern. Doch ich nähre häufig falsche Hoffnungen. Kaum hatte ich die Haustür geschlossen, da hörte ich schon: »Wo sind sie hin?«
»Weg.«
»Läßt sich das vielleicht konkreter sagen?«
»Erst zischen sie auf seine Bude, dann kanten sie seine Alten um, die Rockefeller heißen und mehr Heu am Moos haben als wir Kies in den Kartoffeln.«
Ich hoffte auch, Walter würde es nun gut sein lassen, also fragte er prompt: »Wo ist diese sogenannte Bude? Wer sind seine Eltern? Wo wohnen sie? Was ist das überhaupt für ein Bengel?«

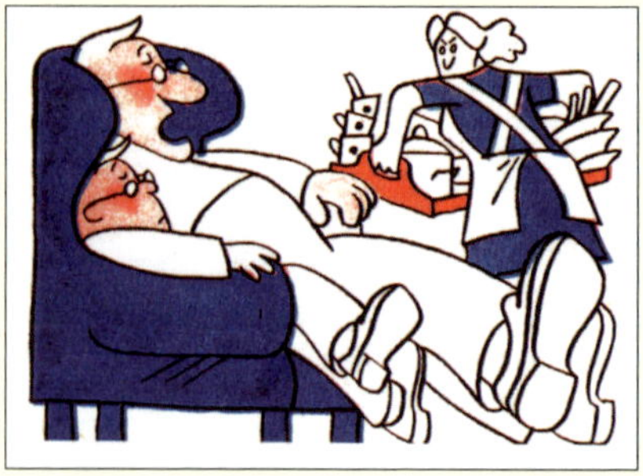

»Ich bin ein Vorbild – die übrige Erziehung ist deine Sache!«

»Er ist Stehgeiger bei Café Heider, vom Trinkgeld bezahlt er seine Alimente, aber weil er vom dauernden Stehen Krampfadern kriegt, schult er jetzt um auf Sekretärin.«
»Mit anderen Worten: Du weißt nichts über ihn. Nicht, wie er heißt; nicht, wo er herkommt; nicht, was er macht. Aber er geht hier im Haus um, ißt, badet, schläft und so weiter!«
Es war sinnlos, das Gespräch fortzuführen. Walter würde sich in der Welt der Jugend nie mehr zurechtfinden. Dazu ist er zu altmodisch.
Außerdem wurden wir später sowieso mit der ganzen Familie bekannt. Als wir das Geld einklagen mußten, das unser Mädel dem Fiedler heimlich für seine Elektrogitarre geborgt hatte.

Lernen, lernen, nochmals lernen

Als wir Schüler und Pioniere waren

Als Berliner Schuljöre beschwert sich Helga Hahnemann: »Wat aber doof is – ick gloobe, wir haben inne Woche überhaupt keene Schließtage! Nich' mal sonnabends!« Richtig, freie Sonnabende für Schüler gab es bis zum Ende der DDR nicht. Die Sommerferien waren zwei Monate lang und wurden im Familienurlaub, in **Betriebs- und Pionierferienlagern** oder in den **Ferienspielen** verbracht. Die Lehrer hatten einen Erziehungsauftrag und dafür zu sorgen, daß die Mädchen und Jungen ihrer »Aufgabe, Bauherren des Sozialismus und Pioniere der Nation zu sein« – so stand es im 3. Jugendgesetz von 1974 – gerecht wurden. Wie aber sieht ein **Revolutionär** aus? fragen die Kabarettisten der Herkuleskeule. Mittwochs war **Pioniernachmittag**. Mit der **Jugendweihe**, 1954 als Alternative zu Konfirmation geschaffen, wurden die Jugendlichen »feierlich in die Reihen der Erwachsenen« aufgenommen und von nun an von den Lehrern gesiezt. Die Familien feierten das Fest und beschenkten den Nachwuchs großzügig. Eine **Lehrstelle** war jedem sicher, wenn auch nicht unbedingt im Traumberuf. Am begehrtesten waren bei den Jungs die des Kfz-Mechanikers und bei den Mädchen die als Friseuse. **Abitur- und Studienplätze** unterlagen festen Zulassungszahlen. Angesichts der Verdienstaussichten etwa als Handwerker entstand schon mal, wie John Stave erzählt, die Alternative Zahnarzt oder lieber doch Klempner?

Angela Gentzmer

Einschulung

Au backe, ab morjen jehör icke zu de Kopfarbeiter! Die Tüte is' aber bloß Probe! Ph! So'n poplijet, kleenet Ding! Da denken ja die Leute aus unser Haus, Pappa und Mamma lassen mir verkommen! Nee – morjen kommt noch die Hi-Fi-Stereo-Anlage und die Auto-Anmeldung dazu! Eijentlich wollt' ick ja 'n Fahrrad ham! Hab ick mal jesehen, wie so'ne Freiluft-Artisten damit über'n Seil jefahren sind! 100 Meter hoch! Aber Pappa sagt: Ja, sowat is'einfach! Aber im Straßenverkehr isset zu jefährlich!

Meinen Betrieb hab ick mir schon anjekiekt! Und meinen Lehrer! Jar nich' so übel! Sieht aus – wie'n Discjockey! Aber Pappa hat jesagt: Die kommen einfach in Jeans – und unsereener muß sich bei de Einschulung 'n Schlips um'n Hals würjen! Klamotten sind mir wurscht! Hauptsache – der Lehrer kann jut zeugen! Zeugnisse sind nämlich wichtig! Jedenfalls – solange man Kind is'! Und – wenn mal mal'n Blödsinn macht – kriegt man von seine Eltern dafür Backpfeifen! Wenn man groß is', kann man damit nu wieder Jeld verdienen! Da nenn' se dit: Komiker! Unjerecht! Mein Bruder – der hat ja de Schule schon gleich hinter sich! Der is' schon inne zweete Klasse! Für jede eins kriegta fünf Mark! Wat meinen Se, wat Pappa schon für Jeld jespart hat!

Schuljöre Helga Hahnemann: Ick weeß sojar, wat drei hoch eins ist: 'n Hund, der dit Been hebt!

Wie war'n Sie'n eijentlich inne Schule? Alle super, wa? Ick möchte mal wissen, wat aus die schlechten Schüler so jeworden is! Die können doch unmöglich alle bei't Fernsehen sein! Au! Dit darf ick ja nich' sagen!

Bei uns im Haus da wohnt 'ne janz alte Frau von 20 – die war früher ooch janz schlecht inne Schule! Hat se mir selber jesagt! Und jetzt hat se sojar 'n Doktor! Zwee sojar! Mit dem ersten hat se ja Schluß jemacht!

Mathe kann ick ooch schon! Ick weeß sojar, wat drei hoch eins ist: 'n Hund, der dit Been hebt!

Ick laß mir sowieso bei meine Schularbeiten nich' helfen! Mann – dit Jebrüll immer, wenn Opa Pappa'n erklärt, wie die Uffjaben jerechnet werden müssen! Wat aber doof is – ick gloobe, wir haben inne Woche überhaupt keene Schließtage! Nich' mal sonnabends! Die Alten liejen noch inne Betten rum – und uns kleene Kinder schicken se uff Arbeit! Na ja – dafür kann ick mir ja später, wenn ick'n Beruf habe, inne Arbeitszeit ordentlich ausruhen!

Ottokar Domma

Höflichkeit beginnt schon am Morgen

Jeden Tag, wenn ich zur Schule gehe, ruft mir die Mutter an der Tür noch einmal nach: »Reiß dich ja zusammen und sei höflich!« Das ist für einen Pionier ein bedeutsamer Hinweis, und ich möchte an einigen Beispielen beschreiben, wie der Zusammenriß und die Höflichkeit vor sich gehen.

Als erster begegnet mir meistens der alte Herr Weise mit seinem Hund. Sobald er mich sieht, wedelt er freudig mit dem Schwanz, und weil wir alte Bekannte sind, darf ich ihm den Rücken kraulen. Das hat er gern, wahrscheinlich wegen der Flöhe. Der Herr Weise wünscht mir danach immer etwas Gutes, heute zum Beispiel ein gutes Auskommen mit meinen Lehrern, und ich wünsche ihm dasselbe mit seiner Frau.

So wurde ich gleich ein Kandidat der Wissenschaft und durfte zur Wiederholung einer schweren Aufgabe an die Tafel.

An der Ecke wartet schon mein Freund Harald. Wir fahren zusammen mit der Straßenbahn. Heute war sie wieder einmal verrückt voll. Aber ich setze mich sowieso nicht gern hin, weil ich nicht gern aufstehe. Das macht mir nichts aus. Vor mir stand aber eine Frau, welche ein Baby bekommt. Es war bestimmt schon im 6. Monat vor der Geburt. Niemand merkte diesen anderen Umstand. Deshalb sagte ich laut zu meinem Freund Harald: »Weißt du schon, daß es jetzt Antibabypillen für Männer gibt!« Der Harald ging gleich darauf ein und antwortete: »Klar weiß ich das. Deshalb sind die Männer morgens immer so müde!« Die Frauen lachten, und die Männer unterbrachen jetzt ihren verstellten Schlaf. Nach ein paar Sekunden sprang sogar einer auf und bot der werdenden Mutter seinen Platz und dem Harald eine Ohrfeige an – wegen Frechheit. Ich sprach nachher zum Harald: »Als Mensch warst du ja nicht sehr höflich, aber als Pionier hast du dich für die Durchsetzung der sozialpolitischen Maßnahmen eingesetzt, und das muß man anerkennen!«

Wie wir nach dem Aussteigen so dahingingen, begegneten wir dem Fräulein Heidenröslein. Wir begrüßten es froh. Ich nahm ihr die schwere Tasche ab, damit ich auf beiden Seiten besser ausgelastet bin. Aber nur bis zum Schulhof. Denn ich wollte das Fräulein Heidenröslein nicht in einen schlechten Ruf bringen. Heute früh war der vornehme Herr Kurz Aufsichtslehrer. Er stand am Eingang und sagte zu allen Lehrern, wie sie ihm heute gefallen. Vor uns ging gerade das duftende Fräulein Bella Kohl. Der Herr Kurz zeigte freudig sein Gebiß und sprach mit schöner Stimme: »Bella, du siehst ja wieder verführerisch aus! Hast du vielleicht von mir geträumt?« Und er half dem Fräulein Bella Kohl die letzten Stufen hinauf, weil er schöne Frauen gern anfaßt.

Mein Freund Harald und ich machten jetzt das Vorbild nach, indem ich den Harald beim Hinaufschreiten stürzte und dazu sprach: »Harald, du siehst aber heute gar nicht verführerisch aus, hast du vielleicht von mir geträumt?« Und der Harald antwortete höflich: »Von dir nicht, aber vom Fräulein Bella Kohl. Sie hat mich wach geküßt, aber da stellte ich fest, daß es unser Dackel war.« Weil uns der Herr Kurz so streng ansah, wollte ich ihm auch eine Freude machen und sagte: »Guten Morgen, Herr Kurz, Sie sehen ja heute mal ganz frisch aus!« Der Herr Kurz war vor Glück so aufgeregt, daß er mich gleich zu einem Empfang ins Lehrerzimmer einlud.

Die Schülerhöflichkeit ist nicht deckungsgleich mit der Lehrerhöflichkeit.

Es gibt aber auch Beispiele, wo die Höflichkeit falsch verstanden wird. Unser Herr Burschelmann läßt oft im Lehrerzimmer seine Brille liegen. Ohne Brille ist er aber aufgeschmissen, und er kann dann in seinem Zensurenbüchlein nicht sehen, wen er diesmal als Kandidaten der mathematischen Wissenschaften auswählen will. Die müssen an die Tafel.

Heute habe ich in der großen Pause die Brille vorsorglich aus der anderen Klasse geholt. Als der Herr Burschelmann sie suchte und dem Schweine-Sigi schon einen Wink gab, sie zu holen, trat ich nach vorn und sagte sehr höflich: »Bitte schön, hier ist Ihre Brille!« Der Herr Burschelmann sah mich mißtrauisch an und knurrte: »Na, mein Freund, deine Höflichkeit kommt mir verdächtig vor!« Und so wurde ich gleich ein Kandidat der Wissenschaft und durfte zur Wiederholung einer schweren Aufgabe an die Tafel. Der Harald meinte danach: Das hast du davon. Hättest du einfach gesagt, Herr Burschelmann, ist das vielleicht Ihre Nasenschaukel?, hätte er sich gefreut, und du brauchtest nicht da vorn zu schwitzen.«

Das stimmt. Und so habe ich den geometrischen Lehrsatz entdeckt: Die Schülerhöflichkeit ist nicht deckungsgleich mit der Lehrerhöflichkeit.

Als der Herr Burschelmann meinen Lehrsatz auf dem Löschblatt las, meinte er: »Eins zu Null für dich!« Da kann man nichts dagegen sagen. Er ist eben ein guter Mathematiklehrer.

Inge Ristock

Jugendweihe

Mutter: Nun hat der Bengel schon Jugendweihe, und ich habe gar nicht gemerkt, wie er herangewachsen ist. – Der da vorne redet vom Frieden und Sozialismus und im Ermeler-Haus wird das Essen kalt. Zehn Personen 2000 Mark – Wahnsinn. Wenn man den Gästen wenigstens die Rechnung zeigen könnte …

Vater: Der redet und redet – und vor dem Ermeler-Haus wartet vielleicht schon mein Chef und wird sauer. Ob ich den Alten mal auf die Datsche einlade? Schließlich wird er nächstes Jahr 65 Jahre, und da steht die Frage des Nachfolgers. Das wären monatlich mindestens 400 Mark mehr …

Sohn: Nach der Rede komm 'n Lied, dann 'n Gedicht, denn det Jelöbnis, denn die Hymne und denn der Ernst des Lebens: Ermeler-Haus. Mit Eßkultur und Hochdeutsch reden und guten Eindruck machen. Und wat se mir noch allet für'n Quatsch einjebimst haben. – Atze hat's jut. Der darf anschließend Joldbroiler essen und seine Mutter hat 'n Riesen-Streuselkuchen jebacken und alle Kumpels durfte er einladen.

Mutter: Daß heute ausgerechnet Tante Ida angereist kommt! Hoffentlich blamiert sie uns nicht mit ihrem Konsum-Chic und ihrer ewigen Meckerei über ihre Rente. Sie wird sechs Taschentücher schenken und sich dann 14 Tage bei uns durchfressen. Typisch Hugos Familie: immer nassauern.

Vater: Muß nachher noch ein Wörtchen mit Ernas Bruder reden. Sonst fängt der wieder mit seinen spießigen politischen Witzen an. Der Alte ist da humorlos. – Den von Strauß könnte ich erzählen. Der ist zwar beschissen, aber einwandfrei.

Sohn: Schade, daß ich Ede nicht einladen durfte. – Weil er keinen passenden Vater hat, sondern nur 'n ganz einfachen, und wir doch den Tag würdig begehen wollen, wie Papa sagt.

Mutter: Der A-be-vauer hat nicht mal 'ne Karte geschickt, obwohl wir seiner Tochter drei Handtücher geschenkt haben. Und nicht die billigsten! Der ist sauer wegen der letzten Spendenliste. Schließlich finden wir das Geld nicht auf der Straße.

Vater: Schade, daß ich meine goldene Aufbaunadel nicht gefunden habe. Die ist zwar von 61, aber immerhin, Eindruck hätte sie gemacht. Der Alte ist kurzsichtig.

Sohn: Im Fernsehen läuft heute »Rauchende Colts«. Ob ich nach dem Essen einfach verdufte? Merkt doch keiner – und ich stör doch bloß.

Vater: Ob sich der Junge über den Kassettenrecorder freut?

Mutter: Wie der Bengel dasitzt – als ob er überhaupt nicht zuhört.

Vater: Er ist die letzte Zeit so verstockt. Geradezu renitent.

Mutter: Der A-be-vauer hat sich schon wieder über ihn beschwert. Soll 'ne Telefonzelle demoliert haben.

Vater: Mit wem hat der eigentlich Umgang? Was treibt der in seiner Freizeit?

Mutter: In Mathe steht er vier. Oder war's gar Stabüku? Ich möchte wissen, ob noch ein Elternpaar so viel Geld und Mühe in die Jugendweihe investiert wie wir.

Vater: Wie dankt der uns das alles?!

Mutter: Hugo muß unbedingt mal mit ihm reden. Auf mich hört er ja schon lange nicht mehr.

Vater: Erna muß sich mehr um ihn kümmern. Man ist eben zu überlastet.

Sohn: Daß die ausgerechnet heute für mich Zeit haben. Und gleich alle beide ... Ich werde denen kräftig in die Suppe spucken. *(steht auf)* Ja, das geloben wir.

Eulenspiegeleien

Der Lehrer fragt die Schüler nach ihren Berufswünschen. »Ich will Parteisekretär werden«, sagt Hänschen. »Ich will Gewerkschaftsfunktionär werden«, sagt Frank. »Und ich, ich weiß es noch nicht«, sagt Fritzchen. »Ich weiß nur, daß ich auch nicht arbeiten will.«

„Bevor ich mein Zeugnis vorlege, bitte ich um Gehör für ein paar Takte aus der Ouvertüre zu Verdis ‚Macht des Schicksals'."

Ein Lehrer fragt seine Schüler, wer das Kommunistische Manifest geschrieben hat. Da sich niemand meldet, wendet er sich an einen der besten Schüler. Dieser antwortet erschrocken: »Ich war's nicht.« Er fragt den nächsten Schüler. »Ich war's auch nicht«, antwortet dieser. Der Lehrer ist enttäuscht. Auf dem Heimweg trifft er den Abschnittsbevollmächtigten und erzählt ihm, was er mit der Klasse erlebte. Darauf dieser: »Na paß auf, morgen bestelln wir uns die Kerle, ich hab schon ganz andere Sachen rausgekriegt.«
Völlig aufgelöst kommt der Lehrer nach Hause, setzt sich an den Abendbrottisch und erzählt seiner Frau, was passiert ist. Die tröstet ihn: »Mach dir nichts draus, vielleicht warn sie's wirklich nicht.«

Tag des Lehrlings

im Kaufhaus Magnet in Magdeburg. Voll Stolz bedienen, beraten, verpacken und kassieren die zukünftigen Fachverkäuferinnen ihre Kunden an diesem Tage in eigener Verantwortung.

„Frag nich soviel, lern lieber!"

John Stave

Perspektiven

Die Schularbeiten waren geschafft.
»Laß mal sehen«, sagte Benno Falke, der in pädagogischen Angelegenheiten sehr clevere und erfolgreiche Buchhalter, zu seinem Sohn Etzel. Der schob das Rechenheft zu seinem Vater hinüber.
Wenn Benno Falke Etzels Schularbeiten kontrollierte, wuchs der Vater vor dem Jungen stets zu einer gewaltigen Größe empor. Etzel hatte mal bei einer Schulfeier in einem großen Kino das Porträt eines berühmten Politikers hinter dem Rükken des Präsidiums angemacht gesehen. Das war sehr eindrucksvoll. Die Nase war alleine so lang wie ein Lineal, die Augen so groß wie die Lampe in der Küche, der Schlipsknoten so breit wie Etzels Schulmappe.
Es war Etzel, als sähe der berühmte Politiker ihn während der ganzen Veranstaltung strafend an, und zwar so, als würde er alles wissen, was Etzel je verbrochen hatte. Es war ein schönes, aber für Etzel beängstigendes Bild. Und so sah er den Vater auch immer. Nur – was noch gefährlicher war – hing der nicht hinter dem Rücken eines Präsidiums auf einer Bühne, sondern saß hier, in greifbarer Nähe, am Küchentisch, ihm gegenüber.
»Na ja«, sagte Benno Falke, »das ist ja sehr schön. Nur – paß mal auf – hier änderst du mal was.« Benno schob das Heft über den Tisch. Er deutete mit dem Zeigefinger auf eine bestimmte Zeile. »Hier mach mal aus der Neun eine Acht!«

Zehn Jahre polytechnische Oberschule, mittlere Reife, und die Perspektiven wären da.

»Dann ist es ja verkehrt«, wandte Etzel ein. »Sieben und zwei sind neun.«
»Ist!«
»Ist neun!«
»Aber Junge, sieh mal: Wenn man alles richtig hat, dann merkt der Lehrer – oder vermutet es –, daß einem jemand geholfen hat. Wenn aber hier steht: Sieben und zwoo sind acht–«
»Ist acht!«
»Es ist nur ein Beispiel – ist acht, dann merkt der Lehrer sofort: Aha, ein Flüchtigkeitsfehler, den jedes Kind bemerkt hätte. Also auch ein Vater beziehungsweise eine Mutter, so daß niemand geholfen haben kann.«
Diese pädagogisch interessante Erklärung leuchtete Etzel ein. Er nahm die Korrektur vor.

»Buntpapier heraus. Zum Abschluß unseres fröhlichen Bastelnachmittags kleben wir eine Kontrollarbeit!«

»So, nun pack den ganzen Krempel weg«, befahl Benno Falke und schmolz im selben Moment wieder zu seiner natürlichen Größe zusammen. Das Präsidium – hier durch Etzel verkörpert – konnte aufatmen ...

»Wie lange muß man eigentlich Schularbeiten machen, Papa?«

»Nun – bis man ausgelernt hat.«

»Wann lernt man aus?«

»Wenn man die Schule verläßt.«

»Länger als fünf Jahre?« forschte Etzel ängstlich.

»Ja.«

»Vielleicht sieben Jahre?« Er hatte seinen Krempel weggepackt.

»Zehn Jahre, mein Junge. Und dann noch zwei Jahre Erweiterte Oberschule. Peng – Abitur und – schwupp – sitzt du auf der Universität und machst deinen Mediziner.« Benno war richtig in Fahrt gekommen. Er sah im Geiste schon das Emailleschild vor sich:

Zahnarzt
Dr. med. Etzel Falke
– Röntgen –
Sprechstunde Mo. – Fr. 9 – 12
Sa. keine Sprechstunde

Es war bei Benno so, daß er schon mehrere Jahre an Zahnschmerzen litt, aber nicht den Mut aufbrachte, einen Zahnarzt

aufzusuchen. Wenn sein Junge hingegen Zahnarzt würde, dann könnte er – Vater und Erzeuger – getrost hingehen, und wenn der Junge ihm weh täte, dann könnte Benno ihm eine langen.
»Ich will ja Lokomotivführer werden«, riß Etzel den Vater trotzig aus seinen Träumen.
»Lokomotiven werden verschrottet«, wehrte sich Benno. »Straßenbahnfahrer!«
»Straßenbahnen sind überholt!« rief Benno – ganz gegen seine sonstige Überzeugung.
»Bäcker!«
»Bäcker müssen jeden Tag um drei Uhr aufstehen. Außerdem hat der Beruf keine Perspektiven.«

»Was hat der Bäcker nicht?«
»Ein Bäcker«, begann Benno bedeutend ruhiger, »ist eben ein Bäcker. Da wird nichts weiter.«
»Im Fernsehen haben sie mal gesagt, daß Heinz Quermann auch Bäcker war.«
»Im Fernsehen sagen sie manches. Du wirst Zahnarzt und damit basta. Zahnärzte werden immer gebraucht, während Brötchen vollautomatisch hergestellt werden könnten«, entschied Benno.
»Wie lange muß man als Zahnarzt – also wenn man es werden will – lernen gehen?«
»Acht bis zehn Semester – also vier bis fünf Jahre.« Benno hatte einen Schreck bekommen. Etzel kommt im September, rechnete er, in die vierte Klasse. Nur mal angenommen. Das wären dann noch neun Jahre ... Dann noch fünf Jahre Studium ... Das wäre dann neunzehnhundertachtundachtzig oder so! Au Backe. Jetzt bin ich vierunddreißig, sagte sich Benno, das kann man leicht ausrechnen. Aber er rechnete lieber nicht. Außerdem ließen die Zahnschmerzen momentan auch etwas nach.
»Muß man die ganze Zeit über Schularbeiten machen?«
Anita Falke, Bennos Küchenwunder, kam mit dem Kaffeetablett herein.
»Welche ganze Zeit über, Etzelchen?« Frauen mischen sich immer sofort in Gespräche ein, auch wenn sie gar nicht wissen, worum es geht.
»Als Zahnarzt.«
»Er wollte Zahnarzt werden«, erklärte Benno.
»Papa hat gesagt, ich soll es werden. Basta. Und Bäcker wäre eben nur Bäcker. Und die müssen immer um drei raus. Und im Fernsehen würden sie manches sagen«, petzte Etzel.

»Die Bäcker?« Anita Falke goß Kaffee ein.
»Du könntest mal flink runterspritzen«, sagte Benno zu seinem Sohn, »und eine BZ am Abend holen. Hier ist ein Groschen.«
Etzel flitzte ab.
»Das Rohr im Badezimmer fällt bald ganz auseinander. Wenn die andern heizen, stinkt es nach Kohlengasen. Du wolltest es längst reparieren ...«, sprach Anita.
Benno kaute behutsam an einem Stück Schokoladennapfkuchen. Er sah ins Leere. Klempner, dachte er, das wäre ein Beruf mit Perspektiven. Zehn Jahre polytechnische Oberschule, mittlere Reife, und die Perspektiven wären da. Er sah im Geiste schon das Emailleschild vor sich:

Klempnerei – Installation
Etzel Falke
Zur Zeit keine Reparaturannahme

Die Zahnschmerzen waren weg.

In der Schule wird über das Ableben des Staatsratsvorsitzenden gesprochen. Die Lehrerin stellt die Frage: »Was würdet ihr sagen, wenn ihr am Grabe von Walter Ubricht würdigende Worte sprechen solltet?« Ein Schüler meldet sich: »Er wurde geliebt von seinem Volk.« Ein anderer: »Er war ein großer Staatsmann.« Fritzchen ist unaufmerksam, sucht seinen Radiergummi, der unter die Bank gefallen ist. In dem Moment findet er ihn und ruft. »Da liegt der Schuft und rührt sich nicht.«

Manfred Schubert

Schulbeispiel

Lehrer: Wer auf einem bestimmten Gebiet eine entscheidende Veränderung herbeiführt, ist ein Revolutionär. Habt ihr das verstanden?

Kinder: Ja.

Lehrer: Kennt ihr solche Revolutionäre?

Eduard: Klempnermeister Schulze. Der kam mit einer langen Rute und hat die Rohre saubergemacht.

Lehrer: War das eine entscheidende Veränderung?

Uta meldet sich.

Lehrer: Vielleicht hast du ein besseres Beispiel.

Uta: Leutnant Pfeifenbrück von den Mot.-Schützen.

Lehrer: Ein Kämpfer unserer Volksarmee! Das gibt der Sache gleich ein anderes Gewicht!

Skat ist keine revolutionäre Tätigkeit!

Uta: Ja. Meine Schwester ist schon 5 Pfund schwerer.

Lehrer: Ein Revolutionär stärkt die Republik. Wie macht er das? Rosi!

Rosi: Ich weiß nicht, meine Mutti stärkt immer bloß de Wäsche.

Mike tritt auf: Guten Morgen!

Lehrer: Mike-Francesco, warum kommst du zu spät?

Mike: Ich habe frische Brötchen geholt.

Lehrer: Lüg nicht, dann könntest du jetzt noch gar nicht da sein! Na, setz dich! Kennst du einen Menschen, der mehr tut als die anderen?

Mike: Meinen Onkel Paul. Der spart Material ein, stellt daraus Konsumgüter her und besorgt auch noch den Absatz.

Lehrer: Ausgezeichnet. Aber er kriegt doch Unterstützung vom Betrieb.

Mike: Na klar, der Betriebsschutz schläft.

Lehrer: Dann ist dein Onkel kein Revolutionär, sondern ein Parasit.

Mike: Das stört den nicht, der versteht kein Russisch.

Uta: Mein Vati sagt, ein Arbeiter muß immer für seine Familie da sein.

Lehrer: Richtig.

Uta: Bloß in der Weihnachtszeit ist er mit dem Betrieb verheiratet, damit aus dem Plansilvester kein Faschingsscherz wird.

Lehrer: Dort müssen wir ansetzen. Denn bedenkt einmal, Kinder, wer macht heute Revolution? Eduard!

Eduard: Heute? Das weiß ich nicht. Gestern wars mein Papi – beim Skat.

Lehrer: Eduard! Skat ist keine revolutionäre Tätigkeit!

Eduard: Sagen Sie das nicht! Könige in Arbeiterhand …

Lehrer: Wo ist denn der Arbeiter die meiste Zeit?

Mike: Da sind sich die Gelehrten nicht einig. Die Zeitung schreibt: im Betrieb, Papi sagt: in der Versammlung, und Mutti schimpft: in der Kneipe.

Lehrer: Und wo hält sich dein Papi am längsten auf?

Mike: Im Bett.

Lehrer: Aber Kinder! Nun wissen wir immer noch nicht, wer ein richtiger Revolutionär ist!

Rosi: Fidel Castro.

Lehrer: Na endlich! Und warum?

Rosi: Als der in Dresden sprach, kamen die Leute von ganz allein.

Lehrer: Damit würdigst du doch nicht die Leistungen von Fidel Castro!

Uta: Na eben, das ist bei Import immer so.

Lehrer: Nein, wir müssen uns das Thema anders erarbeiten. Eduard, stell dich einmal hierher! Aus dir wollen wir jetzt einen Revolutionär machen.

Mike: Aus dem? Das hätte sich nicht mal Lenin getraut!

Lehrer: Wir wollen ja auch keinen richtigen Revolutionär aus ihm machen, sondern ihn mit Attributen versehen, die einen Revolutionär auszeichnen.

Rosi: Wieviel Kilo Orden hätten wir denn zur Verfügung?

Lehrer: Gar keinen Orden. Ihr nehmt euch jetzt Gegenstände, die bestimmte Tugenden symbolisieren, und die gebt ihr unserem Eduard. Stellt euch bitte vor, ihr hättet einen Betrieb zu leiten! Welche Eigenschaften müßte unser Freund haben, um dann in euren Augen ein Revolutionär zu sein?

Die Kinder geben Eduard für jede Eigenschaft ein Requisit.

Mike: Er muß ein Neuerer sein. *Lochstreifen.*

Uta: Und die ältesten Maschinen bedienen. *Vorschlaghammer.*

Rosi: Er muß die Arbeitskultur verbessern. *Gerahmtes Aktfoto.*

Mike: Und zum Mittagessen das eigene Eßbesteck mitbringen. *Dolch.*

Uta: Er muß die Miete pünktlich bezahlen. *Sparstrumpf.*

Rosi: Und am Neubau selber die Fugen verputzen. *Kletterseil.*

Mike: Er muß an jeder Sitzung teilnehmen. *Luftkissen.*

Uta: Und keine Stunde Arbeitszeit versäumen. *Normaluhr.*

Rosi: Er muß einen zweiten Beruf erlernen. *Diplom.*

Mike: Damit er in einem dritten eingesetzt werden kann. *Stülpt Diplom über den Kopf; es wird zur Halskrause.*

Uta: Er muß eine kritische Position einnehmen. *Spieß.*

Rosi: Aber nur gegen sich selbst. *Dreht Spieß um.*

Mike: Er muß die Menschen geduldig überzeugen. *Megaphon.*

Uta: Bis auf die in der übergeordneten Leitung. *Hörrohr.*

Rosi: Er muß den Urlaub in der Nachsaison nehmen, damit der Betrieb im Sommer *Plakat Reisebüro* den Plan erfüllt …

Mike: … und das Reisebüro im Herbst. *Plakat Wintervorbereitung*

Uta: Er muß sich kulturell weiterbilden. *Lachende und weinende Maske.*

Rosi: Aber bitte nur dort, wo's genügend Eintrittskarten gibt. *Nimmt die lachende Maske wieder weg:*

Lehrer: Und was muß er noch? Eduard!

Eduard, steckt den Kopf durch alle umgehängten Requisiten durch: Er muß immer die Übersicht behalten.

Lehrer: Gut, gut. Aber reicht das schon?

Uta: Er muß den Plan übererfüllen. *Fahne.*

Mike: Und den Gegenplan überfüllter erfüllen. *Goldener Kranz.*

Rosi: Und er kann sich auch noch einen Besen in den Po stekken und das Schulzimmer kehren. *Besen.*

Lehrer: Seht ihr, das und noch vieles mehr erwarten wir von einem Revolutionär. Und wer so viel für uns tut, dem danken wir natürlich auch, denn es dauert gar nicht lange, da bekommt er eine … na …?

Uta: Invalidenrente.

Was des Volkes Hände schaffen

Wir Werktätigen in Stadt und Land

Im Januar 1973 läuft die beliebte Sendung **Ein Kessel Buntes**, in der die drei Dialektiker über Beulen im Boden und Risse in den Wänden von Neubauwohnungen plaudern. So weit, so kritisch. Zwei Tage später treffen sich die Politoberen zur alljährlichen Luxemburg-Liebknecht-Demonstration. Offensichtlich tauschen sie sich dabei nicht über den revolutionären Kampf, sondern schlicht über das Fernsehprogramm aus. Der Bauminister beklagt sich bei seinem Kulturkollegen und fühlt sich im Namen aller planerfüllenden Werktätigen brüskiert. So jedenfalls will er die von Honecker auf dem VIII. Parteitag verkündete **Kunst ohne Tabus** nicht verstanden wissen. Er erwarte mehr Respekt seitens der Kollegen **Kulturschaffenden** vor den Kollegen Bauarbeitern. Und da sich das Land, wie stets, an einem besonders empfindlichen Punkt der Entwicklung befindet, wird die Einsicht der Kulturschaffenden an der zum falschen Zeitpunkt, an falscher Stelle geübten Kritik demonstriert, indem in den Fernsehetagen Köpfe rollen. Also können sich die »gerächten« Bauarbeiter daran machen, das 1973 beschlossene **Wohnungsbauprogramm** umzusetzen und, so das Ziel, bis 1990 jedem eine Wohnung bauen. Für die werktätigen Kulturschaffenden gilt, was in der Anfrage an den Sender Jerewan formuliert war: »Darf ein kleiner Funktionär einen großen kritisieren?« Antwort: »Im Prinzip ja, aber es wäre schade um den kleinen.«

Jochen Petersdorf

Die Beule

Sketch der Drei Dialektiker, Horst Köbbert, Lutz Stückrath und Manfred Uhlig, im Kessel Buntes

Eine Neubauwohnung mit einer Beule im Boden ist eine ungeheure Verbesserung.

Vater, Mutter, Kind (12-13), Opa, 2 Rotisserinis. Ganz an der Seite der Bühne ein Tisch mit Gläsern und Weinflasche. Die Familie sitzt am Tisch mit Ausnahme des Vaters. Dieser rollt nämlich wie eine Walze über die Bühnenmitte, wo eine große Blase zu sehen ist. Der Vater rollt mehrmals über die Blase und versucht, sie zu glätten oder einzudrücken.

Opa (lacht meckernd): Hähähä. Det schaffste doch nich, Erich! Die Blase kriegste nich plattjedrückt. Da fehln dir noch paar Pfund off die Rippen. Am besten, du nimmst 'n Messer und stichst rin!

Mutter: Aber Opa! Das ist eine Neubauwohnung, um die wir lange gekämpft haben. Da können wir nicht einfach den wunderschönen Fußbodenbelag zerstechen.

Kind: Aber wenn nu die Luft nich rausjeht? Wir könn doch nich immer bloß in der Ecke wohnen.

Vater (sitzt keuchend auf der Blase): Wir haben jahrelang im Hinterhof gewohnt, Sabine! Im Vergleich dazu ist eine Neubauwohnung – auch mit Beule im Fußboden – eine ungeheure Verbesserung!

Opa: In der Wand ist ja auch 'ne große Beule.

Vater: Das ist keine Beule, sondern eine runde Ecke. Die Architekten wollten der Wohnung dadurch einen besonderen Pfiff geben.

Opa: Ich hab mir aber mal spaßeshalber die Wohnungen über uns und unter uns angesehen. Die haben eckige Ecken.

Mutter: Da wohnen ja auch nur einfache Leute, Opa. In dieser Wohnung hier wohnen wir, und deshalb hat sie einen besonderen Pfiff.

Kind: Wolln wir nu endlich mal anstoßen, eeh?

Mutter: Sabine, mäßige dich bitte! Du darfst sowieso noch nichts trinken.

Vater: Na, zur Feier des Tages kann sie schon mal einen Schluck nehmen. Schließlich zieht man ja nicht jeden Tag in eine neue Wohnung ein.

Opa (kichernd): Jaja, neue Wohnung mit Beulen!

Kind: Det juckt ja nich, Opa. Hauptsache, es wird anständig einer aufn Knorpel jejossen!

Mutter: Sabine, ab sofort ist Schluß mit deinen Scharkonk! Bedenke, die Umwelt formt den Menschen!

Vater: Wer hat das übrigens gesagt, Sabine?

Kind: Wat?

Vater: Dieses geflügelte Wort von der Umwelt?

Opa: Lenin!

Vater/Mutter: Opa!!!

Kind: Professor Dathe!

»Mama ruft!«

Vater: Quatsch! Emil Sohla hats gesagt. Aber nun wolln wir endlich mal anstoßen. Hildchen, reich doch mal ein Glas rüber. Ich bleibe hier sitzen. Schön weich isses nämlich!

Mutter (gießt ein): Ach, da fehlt doch noch ein Glas. Sabine, hole bitte eins aus der Küche.

Sabine (geht und ruft von draußen): Ich kriege die Küchentür nich auf. Da muß wat dahinterliegen.

Mutter: Unsinn! Was soll denn dahinterliegen?

Vater (steht auf): Moment, ich werde mal nachsehen!

Sabine: Jetzt geht se uff!

Vater (setzt sich wieder): Na also!

Sabine: Eeh! Ich komme nich mehr aus de Küche. Die Tür geht nich auf. Der Fußboden schmeißt 'ne große Blase!

Vater (steht auf): Das ist doch nicht zu fassen!

Sabine: Jetzt isse weg!

Mutter: Sabine, laß bitte diese albernen Scherze!

(Vater setzt sich wieder.)

Sabine: Jetzt is die Blase wieder da. Ich kriege die Tür nich auf.

Opa: Sach ma, Erich, begreifste denn jarnischt? Wennde dich setzt, drückste die Luft in die Küche, und wennde aufstehst, strömt se wieder zurück.

Vater (probiert das mehrere Male): Tatsächlich. Na, das ist ja ein starkes Stück.

(In dem Moment scheppernder Krach von draußen.)

Mutter: Hilfe! Was war denn das?

Opa: Det war bloß die Verkleidung der Badewanne. Die hing vorhin schon ganz schief. Jetzt wirdse runterjefallen sein.

»Ich fürchte, die Zigaretten sind hin.«

Mutter: Um Gottes willen! Was ist denn in dieser Wohnung noch alles kaputt?

Sabine (kommt wieder herein): Nischt weiter. Bloß noch det Jaspedal.

Vater: Was für ein Gaspedal?

Sabine: Det Jaspedal von der Toilette!

Vater: Das ist kein Gaspedal, sondern das Pedal zum Spülen.

Opa: Ja! Und det führt in die Wand. Und hinter der Wand ist 'ne Kette daran, die jeht hoch zu einem janz normalen Spülbekken. Wenn man aufs Pedal tritt, isset jenauso, als würde man wie früher an der Kette ziehen. Eben bloß viel moderner!

Sabine: Da muß ick aber kichern.

Mutter: Woher weißt du denn überhaupt, was hinter der Wand ist, Opa?

Opa: Ich hab durch den Riß in der Wand jekuckt.

Vater: Ein Riß in der Wand? In der neuen Wand! Das halte ich nicht aus.

(Es klingelt.)

Mutter: Nanu, so spät noch Besuch?

Vater: Sicherlich Gratulanten!

Opa: Oder ein Reporter von der Spätausgabe der Aktuellen Kamera.

(Sabine macht auf. Die 2 Rotisserinis kommen herein.)

Rotisserini 1: Grüß euch Gott, alle miteinander!

Rotisserini 2: Alle miteinander, grüß euch Gott!

Rotisserini 1: Bitte behalten Sie Platz, wir arbeiten ohne Hilfestellung. Hepp!

(Sie prüfen das ganze Zimmer. Klopfen die Wände ab. Betrachten die Decke. Verrücken Möbel. Klopfen am Fußboden usw.)

Rotisserini 2: Naja, nichts Besonderes. Leichte Blasenbildung. Gib mal det Messer, Ede.

Rotisserini 1 (wirft Messer): Hepp!

Rotisserini 2 (fängt): Hepp! *(und sticht damit in die Blase. Die Luft entweicht zischend. R 1 und R 2 treten dann auf dieser Stelle herum.)*

Rotisserini 1: Naja, ganz glatt wirds nich, aber wennse 'n Teppich drüberlegen, isset so gut wie in Ordnung.

Rotisserini 2: Und wie siehts mit der Toilettenspülung aus? Badewanne? Alles okay?

Vater: Entschuldigen Sie mal. Wer sind Sie überhaupt?

Rotisserini 1: Oh, Pardon. Janz vergessen vorzustellen. Die zwei Rotisserinis. Sonderbrigade der Neubaukombinate. Rotisserinis kommt vom Rotisserie. Heißt rund um die Uhr. Wir arbeiten Tag und Nacht.

Rotisserini 2: Hat dein Neubauheim noch Tücken
tun wir sie zurechterücken!

Rotisserini 1: Hast ein' Riß im Zimmer du,
rufe uns, wir schmiern ihn zu!

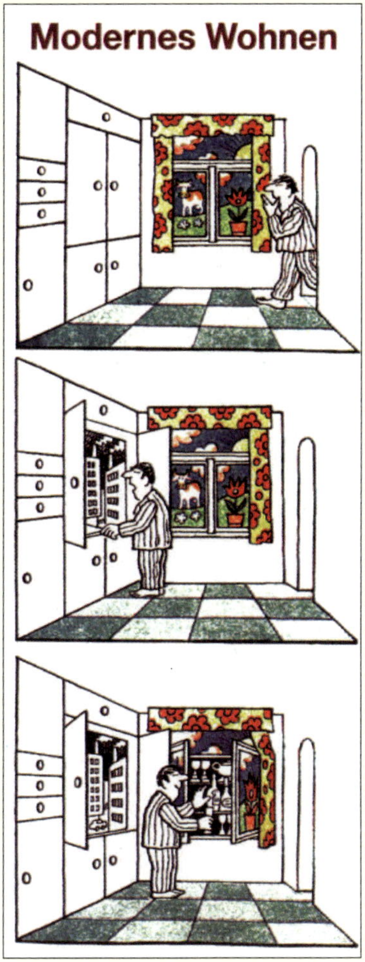

Rotisserini 2: Schließen Fenster nicht und Türen,
kommen wir und reparüren!
Rotisserini 1: Hat dein Lokus leichte Macken,
kommen wir, dann kannste kacken.

Mutter: Ah, ich verstehe. Wenn ihre Kollegen ein wenig geschludert haben, kommen Sie und arbeiten nach.

Rotisserini 2: So isset!

Opa: Sie sind also die Nacharbeiterklasse.

Rotisserini 1: Na, det wäre zu hoch jegriffen für unsere Brigade. Aber wir haben schon dreimal den Staatstitel erkämpft und haben in der Zeitung gestanden. Übrigens, was issen das da für ein Buckel in der Wand?

Vater: Wo bitte?

Rotisserini 2: Na dort, in der Ecke.

Sabine: Wir dachten, det isn besonderer Pfiff von die Architekten?

Rotisserini 1: Unsinn. Hier steckt was dahinter. Wolln mal sehen.

(Sie klopfen die Beule ab und hauen ein Loch hinein. Sie sehen hinein.)

Rotisserini 2 (pfeift durch die Zähne): Olala. Ede, weeßte wat det is?

Rotisserini 1: Na klar. Hier ham unsere Jungs aus Versehn die Zement-Mischmaschine mit einjemauert.

Vater: Also, das ist ja unerhört!

Mutter: Nicht zu fassen!

Opa: Vielleicht hamse den Bauleiter ooch mit einjemauert.

Rotisserini 2: Nee, nee, den ham wa heut schon jesehn.

Kind: Wat wirdn nu mit die Maschine!

Vater: Na eben. Die muß doch raus!

Rotisserini 1: Det wird nich jehn. Die jeht ja weder durch die Tür noch durch die Fenster.

Mutter: Aber wir können doch nicht mit einer Zementmaschine zusammenleben.

Rotisserini 2: Brauchense ooch nich.

Vater: Also kommt sie doch weg?

Rotisserini 2: Nee, wir schicken ihnen morgen einen Spezialisten. Der baut ihnen das Ding um zu einer Wäscheschleuder.

Rotisserini 1: Mit einem Jahr Garantie!

Eulenspiegeleien

Kein fehlerhafter Schuh
verläßt als 1.Sorte unser Werk

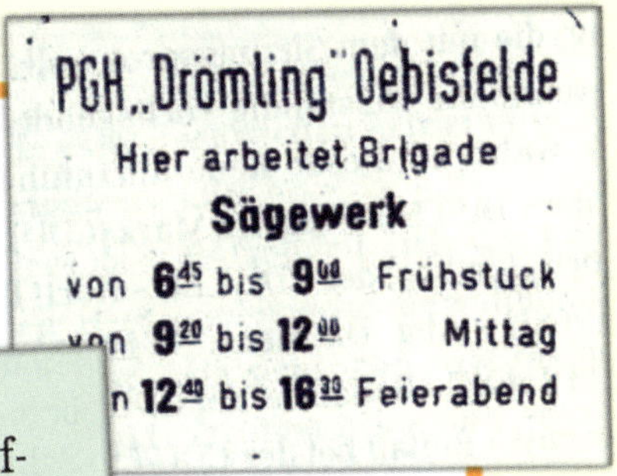
PGH „Drömling" Oebisfelde
Hier arbeitet Brigade
Sägewerk
von 6^{45} bis 9^{00} Frühstuck
von 9^{20} bis 12^{00} Mittag
n 12^{40} bis 16^{30} Feierabend

Der Brigadier ruft seine Kollegen zusammen: »Heute muß nach Feierabend die Baustelle aufgeräumt werden. Wer keine Lust hat, vortreten!« Alle treten vor, bis auf einen. »Und warum trittst du nicht vor?« – »Keine Lust.«

„Wwwie wir im Sommer das Schwimmbecken installierten, ddda haben wir vielleicht geschwitzt!"

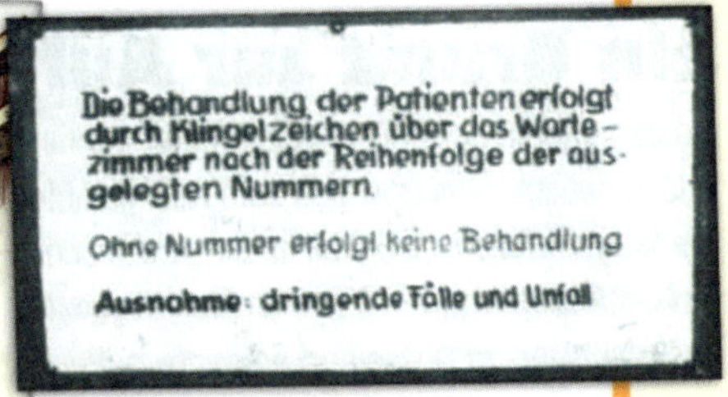
Die Behandlung der Patienten erfolgt durch Klingelzeichen über das Wartezimmer nach der Reihenfolge der ausgelegten Nummern.
Ohne Nummer erfolgt keine Behandlung
Ausnahme: dringende Fälle und Unfall

„Das Kollektiv kämpft um den Titel der Preisehrlichkeit"

Wegen
Qualifizierung
geschlossen

Eine Parteidelegation besucht einen Betrieb. Die Genossen sehen den Arbeitern zu. »Nun, was produzieren wir denn hier?« Ein Arbeiter antwortet: »Teile von Fahrstühlen.« – »Und welches Teil wird produziert?« – »Das Schild: Außer Betrieb.«

Johannes Conrad

Die sehr gute Sekretärin

Mein Bekannter Schauber ist Direktor eines mittleren Textilbetriebs. Kürzlich bekam er eine neue Sekretärin, eine gewisse Sabine Schnaak. Ein bildschönes Weib!

Schaubers Freund Stürzel kannte sie privat. »Eine sehr gute Sekretärin, aber ziemlich energisch!« versicherte er.

Als mein Bekannter Schauber am Tage des Dienstantritts dieser sehr guten Sekretärin von einer Sitzung in sein Büro kam, rief sie ihm zu: »Herr Direktor, oh, ein wichtiger Anruf für Sie!«

»Um Himmels willen, von wem?« fragte Schauber, denn er dachte schon, es ginge um die verschnittenen Hosen.

Die Sekretärin antwortete: »Von Müller oder Lewandowski oder Kabbelmeier oder so ähnlich. Es klang wie eine Männerstimme, kann aber auch eine Frau gewesen sein. Sie möchten sofort zurückrufen!«

»Die Nummer, Fräulein Schnaak!« rief Schauber.

»Etwas mit 489 oder 374 hinten – und vorn so ähnlich!« antwortete die Sekretärin.

Schauber stammelte: »Aber da kann ich doch nicht zurückrufen! Da meldet sich doch kein Aas.«

»Wenn sich keiner melden würde«, rief die Sekretärin, »dann möchten Sie ihn sofort aufsuchen!«

»Wo?« rief der Direktor.

Da sprach die Sekretärin: »Das habe ich mir auf einem Zettel notiert. Versehentlich schrieb ich aber auf die andere Seite des Zettels die Adresse eines lieben Bekannten. Und diese Adresse habe ich verlegt!«

»Aber Sie können doch diese Adresse nicht verlegen!« schrie der Direktor.

»Und ob ich das kann!« rief die Sekretärin energisch. »Meine privaten Adressen kann ich verlegen, sooft ich will, das werden Sie mir nicht verbieten, Herr Direktor! Allemal kann ich das!«

Natürlich hat mein Bekannter Schauber seine neue Sekretärin sofort um Verzeihung gebeten, denn eines ist ihm in dieser Situation sofort klargeworden: Energisch war sie, seine neue Sekretärin.

C. U. Wiesner

Frisör Kleinekorte und die Absetzung eines Königs

Nehmse Platz, Herr Jeheimrat! Und jenießense die jroßkotzige Anrede aus vollen Herzen! Was gibtsn Neues aufm Bau? Ick könnt ja auch sagen, dis interessiert mir 'n Scheißdreck, aber nee, ick fahre fort in mein gepflegtem Stil: Wieder Nachtschicht jehabt? Also, für son halbes Dutzend Stammkunden als wie Ihnen behalt ick auch weiterhin die Manieren von einem Grangsenjohr der alten Schule dabei. Tschuldigense, ick mach die Umhangschnur gleich lockerer, denn ick will Ihnen ja nich strangulieren, und anne Seiten nehm ick Sie erst mal 'n halbes Fund Plüsch runter.

Wissense, man muß doch nu mal mit den Zahn der Zeit heulen und dürf sich ooch als alternder Greis nich vor dis Neue wechschließen. Sehnse, wie ick mein edles Handwerk erlernt habe, noch unter Willem den Eroberer, da hat mir Herr Mehlhase, mein Lehrmeister, mit ville Jeduld und Backpfeifen ein Satz einjehämmert: Willem, du Aas, merk dir eins: Der Kunde is König! Und heute? Da könnense doch bloß noch weinen oder die Wirksamkeit studieren wie unsere Herren Schrüftsteller.

Ick also erst mal losjesockt und mir als Kunde verkleidet. Herr Kafforke mußte mir ein lackschwarzes Lockentuppeh aufkleben, damit ick inkognito bei die PeJeHa Wellenreiter reinschneien konnte. Und nu haltense sich mal janz fest, wenn ick meine Eindrücke an Ihnen weiterreiche. Da gibs ein schnuckligen Schlager von die süße kleine Polin Maria Rhododendrowitsch, der fangt an: Drei Herrn entboten ihren Gruß. Ja, Scheiße, erstensmal grüßen die Herren Wellenreiter den Kunden jar nich. Und denn hab ich was ganz Entsetzliches mußten feststellen: Die Herren Herrenfrisöre unterhalten sich nich mehr mit den Kunden, sondern bloß noch mang sich selber. Und ich sag es Sie in alle Härte, dis is dis Ende von unsern Beruf, und trotzdem müssense sich – hab ich irgendwo mal jelesen – einfügen in den grausamen Fatalitismus von die Jeschichte. Die alten Zeiten kehren nich wieder, also, der Kunde als König is tot.

Sehnse, so'ne janz normale Verkäuferin, die hats doch jar nich mehr nötig, und ick würde mal sagen, ein jewisser Löwenanteil von unsern Handel kämpft an die vorderste Front gejen die altmodischen Ansprüche von die Kundschaft.
Und dis Ziel is nu mal, als Kunde wird man jefälligst nich wie'n König, sondern wie'n DDR-Bürger behandelt. Also, ick geh zus Reisebüro, weil Muttern und ick nu lange jenug aufs Ausland jespart ham. Und als Berliner mit ihre Scheißsentimentalität begebense sich natürlich in dis stinkvornehme Haus des Reisens an Alex. Nu werde ick also Herrn Kafforke morgens nachm Blauen Affen losschicken, er soll mal anrufen und sich erkundigen. Wie er bei Ladenschluß noch immer nich zurück in mein Salong is, trab ick selber los. Herr Kafforke war zwar schon ziemlich im Tee und hatte 'ne dicke Rechnung auf Betriebsunkosten meinerseits, aber der Wirt, Herr Wuttke, schwor Stein und Bein, daß den janzen Tag ins Reisebüro keiner den Hörer abjenommen hat.

Jut, denk ick, villeicht isses die Leute einfach zu unpersönlich, den Kunden per Draht abzufrühstücken
Ick also nächsten Tag selber los. Albert Wuttke, der dis schon kannte, meinte, nimm dir man Stullen mit. Muttern hat mir sojar 'n Glas Kartoffelsalat und 'n kaltes Kotlett einjepackt.
Wie ick nach drei Stunden endlich dranne bin, sitzt da sone Blonde und quasselt sich erst mal mit ihre Kollegin über die Erinnerungen von ein Ballerlebnis aus. Ick sage in meine dezente Manier, ick will ne Pauschalreise an dem goldigen Strand, von mir aus bis nach Zotschi oder Kappi Zunder. Sagtse bloß pampig, müssense früher aufstehn. Wie ick rausgehn will, hat mir vor Wut so die Pumpe jeknarrt, deß ich mir erst mal auf so'n feinen Ledersessel niederlassen mußte. Kommt so'n andres Reise-Engelchen vorbei und fragt mir, warum ick so stöhne. Die macht in den Laden bestimmt nich lange, weilse so freundlich war und mir gleich doch noch 'ne Reise nach

Nessebar jebucht hat. Haltense mal den Kopp stille, sonst rutscht mir dis Messer ab. Also unjefähr fünf Tage vorher sollt ick kommen und mir die Reisepapiere abholen und den Knatter aufm Tisch legen. Vorigte Woche war ick nu da, diesmal sojar mit mein altes Kochjeschirr voll Aprikosenkaltschale, weils morgens schon so heiß war. Nachdem ick mir meine ollen Plattbeine bis an Bauchnabel abjestanden hatte, sitzt da wieder so'n Frollein und sagt, die Papiere sind noch jar nich da, ick soll mir man morgen wieder anstellen. Da dacht ick so bei mir: Wenn de schon als Kunde kein König mehr bist, denn kannste dir auch wie 'ne Wildsau aufführen. Von wegen noch mal 'n halben Tag anstellen!

„Vielleicht kann ich so schneller die Aufmerksamkeit der Verkäuferinnen erregen."

Und da kam mir so inwendig alles hoch, was mir die letzte Zeit an Scheußlichkeiten mang unsern Handel begegnet is, und da hab ick jetrampelt wie Rumpelstilzchen und jebrüllt, ick will die Reise jar nich mehr und sie soll sich den joldigen Sand selber inne Haare schmieren. Sagt die doch: Die Reise könnse so kurz vorher höchstens zurückjeben, wennse ein Attest beibringen.

Noch an selben Abend hat Muttern Dokter Zielken mußten holen, so'n Herzanfall hatt ick. Wie der mir 'ne Spritze und dis Attest gibt, meint er, bei meinen momentanen Zustand muß er mir dis bulgarische Reizklima verbieten. Dabei war dis Klima ins Haus des Reisens ville schlimmer. Sehnse, nu werd ick im Urlaub aufm Balkong sitzen, die Beine inne Waschschüssel, 'n Strohhut auf, und Muttern muß mir jeden Tag Balkansalat und Hammelfleisch machen, trotzdem es mir jar nich schmekken tut, aber dis spül ick mit bulgarischen Pischka runter, kann ich mir ja leisten, weil ich nich nach Bulgarien fahre. Und denn denk ick mir in alle Seelenruhe aus, wie ick in Zukunft meine Kundschaft schickerniere, denn von diese große Massenbewegung kann man sich doch als moderner Bürger nich ausschließen. Macht zweifuffzig, aber Trinkjeld nehm ick trotzdem noch.

Lothar Kusche

Die Rätsel der weiblichen Seele

Wie schon der Dichtermund sagt – die Seele des Weibes ist voller dunkler Rätsel

Ein Betriebsausflug ist eine Sache, aber die Frauen sind eine andere Sache; das ist nun mal ganz sicher.
Verwirrung schon bei der Omnibusfahrt! Wer läßt wen sitzen? Erstens läßt ein anständiger Mann überhaupt eine Frau nicht sitzen, sage ich immer, und zweitens müßten die Frauen mit Recht beleidigt sein, wenn man ihnen solche mittelalterlichen Höflichkeiten anbieten würde. Unsere Frauen stehen ihren Mann, in der Bahn neben diesem. Walter, dieser Fatzke aus der Dreherei, fing an, mit den Frauen übers Wetter zu reden, in einer Weise, als wären wir, seine Kollegen, überhaupt nicht vorhanden: Hugo und ich nahmen uns gleich mal vor, diesem Affen nachher Asche ins Bier zu tun. Wir sind nicht gewillt zuzusehen, wie Walter durch sein Flirten das Geschlechtliche betont: Wir sind für eine saubere Atmosphäre, auch auf einem Betriebsausflug.
Hugo erzählte ein paar Dinger von einem gewissen Mikosch und die Geschichte, wie er im Krieg mal mit einem sogenannten Donnerbalken durchgekracht ist; es war eine sehr gemütliche Omnibusfahrt.
Auf dem Waldweg zeigten Hugo, Bruno und ich den andern erst mal, was wir für einen Schritt am Leibe haben. Die Kolleginnen beklagten sich über unser Tempo; so was soll man nun Kolleginnen nennen! Dabei beeilten wir uns doch in ihrem Interesse, um im Wirtshaus Plätze für alle zu belegen. Dafür, daß die Plätze dann bloß für uns Männer reichten, konnten wir doch nichts. Schließlich waren wir nicht wie die Irren durch den Wald gerannt, um nachher unser Bier im Stehen zu trinken. Außerdem waren noch mehr Gaststätten in der Nähe, da würden die schon Platz finden; muß man sich denn bei einem Betriebsausflug zu einem großen Klumpen zusammenballen? »Lieber die Weiber ein bißchen weg«, sagte Hugo, »die trinken egal Malzbier und Kirschlikör, das kann ich nicht riechen.« Wir nahmen Biere und Körner, welche Mischung dem Manne eine herbe und würzige Ausstrahlung verleiht. Der Wirt sagte, wir könnten kegeln, bloß es wäre kein Kegeljunge da. Bruno lief sich die Hacken ab, bis er im vierten Restaurant am Orte endlich den Fatzken Walter und ein paar Frauen fand; aber keine wollte herüberkommen und uns die Kegel aufstellen. Ich hatte bei den vergreisten Weibern von vornherein kein sportliches Inter-

esse vermutet, und ich ging auch rüber, um ihnen das zu sagen, aber sie waren inzwischen in den Wald gelaufen. In den Wald! Wie die Schulmädels. Hugo schmiß noch eine Lage Bier und Körner, und als wir ein bißchen in Stimmung kamen, schlichen wir den Waldläuferinnen nach und überfielen sie, aus einem Gebüsch hervorbrechend, mit lustigem Indianergebrüll. Frau Billecke fiel vor Schreck der Länge nach hin; sie war über eine Baumwurzel gestolpert und hatte sich das Knie aufgeschrammt – es sah wahnsinnig ulkig aus. Auf den Schreck gingen Hugo, Bruno, ich und noch ein paar Kumpels, die Spaß verstehn, erst mal wieder ein paar Tropfen einnehmen.

Als wir den brennendsten Durst gestillt hatten, fiel Bruno ein, daß der Betriebsausflug planmäßig am Abend mit einem Tänzchen beschlossen werden sollte. Also los, gehn wir tanzen! Wir waren nicht etwa vergnügungssüchtig (wir sind ja keine Weiber, nicht wahr?), aber Hugo sagte sehr richtig, ein bißchen Bewegung würde den ganzen Schnaps verdampfen lassen, welchen wir tagsüber, aus Kummer über diese sogenannten Kolleginnen, in uns hineingegossen hatten. Die größte Unverschämtheit kommt erst noch: Wie wir sie endlich finden, haben die Kolleginnen Damen – aber Damen in Anführungsstrichen, sage ich euch bloß – doch schon zu tanzen angefangen, und zwar – jetzt kommt überhaupt das Tollste – mit irgendwelchen fremden Männern in dem Lokal. Auf uns zu warten, war ja nicht nötig, wir sind ja Dreck. Wir haben ihnen ja bloß die Gleichberechtigung geschenkt, und nun kriegen wir's mit Nakkenschlägen und Dolchstößen heimgezahlt. Trotzdem waren wir so anständig und haben uns noch mit denen abgegeben. Immerzu Gemecker, warum man die Damen nicht nach jedem Tanz an den Platz bringt: das werde ich doch nicht bei den ollen Weibern machen! Wie Hugo der jungen Schrödern einen aufdrückte, daß es nur so knallte, tat die auch noch beleidigt. Wir wären keine Kavaliere! Küssen Kavaliere nicht?

Was wollen die Frauen eigentlich – als wir uns nicht um sie gekümmert haben, damit sie mal 'n bißchen ausspannen konnten, waren sie unzufrieden; ist man galant, paßt es ihnen auch nicht. Ich sage euch, eines lehrt so ein Betriebsausflug, daß nämlich – wie schon der Dichtermund sagt – die Seele des Weibes voller dunkler Rätsel ist, falls man diese Empfindlichkeit Seele nennen will. Ich ziehe mir eine hübsche Herrenpartie vor; da bist du unter lauter Männern, und Männer haben Herz. Gemüt. Takt und Humor, verstehst du?

Berta Waterstradt

Das Märchen vom Schriftsteller, dem nichts mehr einfiel

Als aus der kleinen Geschichte nicht mehr herauszuholen war, wurde aus dem schreibenden ein lesender Schriftsteller.

Es war einmal ein Schriftsteller, dem nichts mehr einfiel. Leider wird diese Berufskrankheit, von der Schriftsteller zuweilen befallen werden, von der Versicherung nicht anerkannt. So saß also unser Mann am Schreibtisch und malte, statt das Krankengeld zu kassieren, Männerchen und Kringel auf ein sauberes Stück Papier. Geschriebenes gab er nicht von sich, nur den Satz: Warum gibt es bei uns so selten Rouladen? Rouladen waren sein Lieblingsgericht, das es vor zehn Jahren jeden Sonntag gegeben hatte, als der Schriftsteller noch ein Buchhalter war und statt der Männerchen saubere Zahlenreihen aufmarschieren ließ. In den Schriftsteller verwandelte sich der Buchhalter mit blitzartiger Geschwindigkeit an einem lauen Sommerabend an der Ostsee, wo er im FDGB-Heim »Meeresruh«, einem Erholungskombinat für 250 Personen, seinen Urlaub verbrachte. Es hatte Streit gegeben, als er die Frage seiner Frau, ob sie noch einen Bikini tragen könne, wahrheitsgemäß beantwortet hatte. Da aber Frauen, seien sie noch so nett und treu, die nackte Wahrheit selten vertragen können, kam es zu einem heftigen Wortgefecht, dem er entfloh. Er begab sich zum leeren Strand, fand zufällig einen Strandkorb, in welchem es nicht knisterte und flüsterte, besah den Silbermond, der auf den dunklen Wogen schwamm, und träumte sich eine Gefährtin herbei, die sehr wohl noch einen Bikini tragen konnte. Da aber die aufreizendste Maid, mag sie noch so entgegenkommend sein, als Phantasieprodukt nur irrealen Wert besitzt, ging er nach Hause, weckte seine Frau und versöhnte sich mit ihr. Am nächsten Tage schrieb er sein Wunschtraumerlebnis auf. Auf dem Umweg über das Papier wurde aber aus dem Phantasiegebilde ein Mädchen aus Fleisch und Blut, dem er nur deshalb nicht verfiel, weil ihn sein Bewußtsein teils als Ehemann und teils als Sozialist daran hinderte. Er las diese Geschichte am Abschiedsabend vor, und sie wurde ein großer Erfolg. Ein Redakteur, der sich zufällig an der Ostsee auf Reportagefahrt befand – und es befinden sich viele Redakteure im Sommer an der Ostsee auf Reportagefahrt –, nahm die Erzählung mit und veröffentlichte sie in seinem Blatt. Sie gefiel den Lesern ungemein, sie diskutierten über den Titel »Nur der Mond war dabei«, und viele Zuschriften befaßten sich mit der Frage: Soll man im Strandkorb oder soll man nicht? Der Buchhalter ging zu den Autorenabenden der jungen Talente, wo die Kollegen seine Geschichte in kleine Teile zerpflückten. Er revanchierte sich in gebührender Weise, und so wurde man auf ihn aufmerksam. Er wurde gefördert, schließlich war sein Vater LPG-Bauer in Wriezen, und mit Hilfe eines Stipendiums und eines Verlagslektors walzte er seine Geschichte zu einem zweihundertfünfzigseitigen Roman aus, was ihr allerdings nicht gut bekam. Er wurde freiberuflicher Schriftsteller und kaufte sich ein Moped. Als das Fernsehen mit einem Vertrag winkte, wurde aus dem Moped ein Trabant, das Theaterstück, an einer Bühne erfolgreich aufgeführt, brachte seinem Jüngsten den gewünschten Tretroller und das DEFA-Szenarium endlich den Wartburg de luxe. Mehr war aus der kleinen Geschichte nicht herauszuholen, deshalb verwandelte sich der schreibende in einen lesenden Schriftsteller. Von der Nordspitze Rügens bis zum letzten Winkel Thüringens gab es keinen Betrieb, keine LPG, keine Schule, kein Lehrlingsheim, keine Polizeiwache und keine Grenzerbrigade, wo der Schriftsteller nicht eine Lesung abhielt. Es gab manchmal mehr, manchmal weniger Publikum, aber die Bibliothekarin war immer dabei. Inzwischen waren zehn Jahre vergangen. Das letzte Dorf war abgeklappert wie sein Wartburg – und dem Schriftsteller fiel nichts mehr ein. Er wurde reizbar und launisch, die Kinder mußten auf den Zehenspitzen gehen, und seine Frau sagte zur Nachbarin, die sich beschwert hatte, daß der Schriftsteller sie nicht mehr grüße: »Mein Mann hat eine Krise.« Die Hausbewohnerin verstand das falsch, murmelte von Frauenzimmern, die es auf verheiratete Männer abgesehen hätten. Wie sollte sie auch wissen, was eine Krise ist? Ihr Mann war Maurer und krisenfest, denn ihm durfte schon von Berufs wegen nichts einfallen.

Inzwischen machte der Schriftsteller Bilanz, denn er war ja immerhin gelernter Buchhalter. Er beschloß, in seinen Betrieb zurückzugehen. Er hatte Glück, eine Planstelle war frei, und man nahm ihn mit Freuden, denn er war als tüchtiger, zuverlässiger Kollege bekannt. Also verkaufte der Autor seinen Wartburg, der wie er des Reisens müde war, zum Taxpreis, fuhr mit der Straßenbahn und freute sich sechs Tage lang auf die Sonntagsruhe und die Sonntagsrouladen. Die Kinder konnten wieder Krach machen, denn dem Vater brauchte nichts mehr einzufallen, und es fiel ihm auch nicht ein, schlechtgelaunt zu sein, denn das schickte sich nur für einen krisenbehafteten Schriftsteller, nicht aber für einen bilanzsicheren Buchhalter.

Und wenn er nicht gestorben ist, so lebt er noch heute.

PS: Aus dem letzten Satz haben Sie wohl ersehen, daß es sich, natürlich nur bei dem Schluß, um ein Märchen handelt. Der Schriftsteller dachte gar nicht daran, wieder Buchhalter zu werden. Er schrieb vielmehr eine Geschichte über einen Autor, dem nichts mehr einfällt, der in seinen alten Betrieb zurückgeht und dort glücklich und zufrieden lebt bis zum Ende seiner Tage. Die Geschichte erschien in der Zeitung, erregte Aufsehen, wurde diskutiert, und das Auto des Verlagslektors, der die Story zu einem Roman auswalzen will, hält schon vor dem Haus des Schriftstellers. Auch die Adlershofer haben bereits angerufen. Nur bei DEFAs dauert es etwas länger, was mit der dortigen (langen) Leitung zusammenhängt, aber der Schriftsteller ist durchaus optimistisch und hat sich schon für einen neuen Wartburg angemeldet. In fünf Jahren, wenn die Geschichte die Metamorphose Roman, Fernsehspiel und Film glücklich überstanden hat, kommt der Wagen zu den Lesungen gerade recht. Und dann hat der Autor noch weitere fünf Jahre Zeit, darüber nachzudenken, daß ihm eigentlich gar nichts einfällt.

Heißer Sommer

Von Ostseestrand, Datsche und Jugendclubs ...

Am scheensten ist es daheeme, sagt der Sachse, obwohl er doch als reisefreudig gilt und zweifellos seinen Anteil stellt an den Empfängern von **Urlaubsschecks** – 1974 wird der 25millionste ausgereicht – und einen »erlebnisreichen und erholsamen Aufenthalt« in einem **FDGB-Ferienheim** verbringt, notfalls in der Nachsaison, wie Manfred Wolter erzählt. Natürlich waren die Schlacht am Mittagsbüffet, der organisierte Urlaubersport oder die geselligen Heimabende nicht jedermanns Sache. Was also tun an den Urlaubstagen, die 1974 von 15 auf 18 erhöht wurden? Das **visafreie Reisen** in die ČSSR und nach Polen erfreute sich zunehmender Beliebtheit. Die ČSSR wird zum Auslandsreiseziel Nummer eins, aber der eingeschränkte Umtausch in Kronen verlangt manche Improvisation. Auch Zelten am **Balaton** ist beliebt, und das Urlaubsmitbringsel aus Ungarn – vorausgesetzt die Forint reichen, was wiederum voraussetzt, daß man Konserven und Dauerwurst im Gepäck hat – sind Jeans. Die rund **400 Campingplätze** in der DDR sind stets überbucht. Mancher, der keinen Urlaubsplatz findet oder keinen will, setzt die von Honecker verkündete **Einheit von Wirtschafts- und Sozialpolitik** auf seine Weise um. Als Heimwerker, Hobbybastler, Kleingärtner und **Datschenbauer** betätigt er sich in der Urlaubszeit und verlängert sie schon mal via Krankschreibung, denn, lesen Sie es bei John Stave nach, es gibt »immer ville zu tun«.

John Stave

Wie ins Paradies

»Haste schon Urlaub jehabt dies Jahr?«
»Nee. Ick jeh Anfang näxte Woche in denselben.«
»Vareiste?«
»Nee. Ic hab zu ville zu tun.«
»Wat heißtn: zu ville zu tun im Urlaub?«
»Naja, weeßte, in son Jahr sammelt sich immer ne janze Menge Krempel an, der bewältlicht sein will.«
»Wattn for Krempel beispielsweise?«
»Beispielsweise meine Frau und ihr Moped. Det willick mal janz in Ruhe ausnandernehm. Ne Jeneralreinijung, vastehste, Kette in Öl lejen und so.«
»Und dazu brauchste drei Wochen Urlaub?«
»Warte doch mal! Wenn det fertich is, kommt den Jungen sein Rolla ran. Der hatn Winta üba in Kella jestanden, und da hat sich der Rahm vazogen. Ick hab ma schon uffde Bude zwee neue Winkeleisen zurechtjezimmat.«

»Seit wann machst'n krank?« – »Von da an!«

»Und denn sind die drei Wochen um?«
»Nich doch! Denn kommt erst mal det Zelt ran. Det war ins vorje Jahr een bißken undichte jeworden. Da mussick die Nähte valöten.«
»Denn is der Urlaub aba zu Ende, wat?«
»Noch nich! Denn mussick den Spirituskocher in Ordnung bringen. Der looft. Denn wern die janzen Decken übaprüft und det Campingjeschirr. Batterien für den Kofferradio muss ick ooch noch ranschaffen! – Und jetz kannste deine dämlije Frage wiederholen!«
»Ach. Denn is wohl der Urlaub zu Ende?«
»So isset!«
»Na Mensch. Det sind doch aba allet typische Urlaubsvorbereitungen. Dir muß doch det Jefühl für Logik und Simmetrie völlich abjehn, Aujust.«
»Wieso denn?«
»Na weil die janzen reparierten und zurechtjemachten Dinger bis näxtet Jahr zum Urlaub längts wieda inne Binsen sind!«
»Ick vasteh immer: näxtet Jahr! Anschließend an mein aktiven Urlaub reiß ick doch gleich noch meine sechswöchige SVK-Sonderzuteilung mit ab. Und bis dahin muß allet o. k. sein. In den sechs Wochen will ick ma wohlfühlen wie ins Paradies!«

Manfred Wolter

Nachsaison

Wir hatten in der Berliner Wallstraße einen zurückgegebenen Ferienplatz erstanden und waren mit unseren beiden nicht schulpflichtigen Kindern nach Carlebach gefahren, der »Perle des Osterzgebirges«, wie es auf dem Ferienscheck verheißungsvoll hieß. Wegen eines Talsperrenbaus hatten wir sechsmal umsteigen müssen, dafür lag in Carlebach auch Mitte März noch reichlich Schnee, und die Straßen waren nicht geräumt. Zwei Tage vor unserer Ankunft waren die Schneefräsen und -pflüge termingemäß eingemottet worden.
Der Bus schaffte die achtprozentige Steigung nach Carlebach hinauf nicht. Eine dreiviertel Stunde später kamen wir zu Fuß und durchgeschwitzt im Heim an, wo uns der Heimleiter mit einem hintergründigen Handschlag als »Kollegen« begrüßte. Er klärte uns darüber auf, daß er nur der stellvertretende Heimleiter wäre, der richtige sei krank, der Heizer auch, und die Küchenfrauen hätten Urlaub. Dafür wären wir die einzigen Gäste.
»Hoffentlich ist es nichts Ernstes«, sagte meine Frau mitfühlend.

Meine Frau schaute mich hilfesuchend an, aber ich hatte nicht den Mut, das Beschwerdebuch zu verlangen.

»No, no«, sagte der Stellvertreter und rollte seine Augen wie das »O«. »Nach den Schulferien ist er immer kronk.«
Zu weiteren Gesprächen kam es vorerst nicht, weil Panzer am Heim vorbeifuhren. Sie rollten furchtbarer, als der stellvertretende Heimleiter jemals das »O« hätte rollen können.
Als sich unsere Ohren einigermaßen an den Lärm gewöhnt hatten, schrie der zweite Mann: »Sind bloß ane Woche im Ort. Der Wendeplatz liegt direkt am Heim.«
»Tagsüber sind wir sowieso im Wald«, schrie ich einlenkend zurück. »Und für die Kinder ist es ein Erlebnis.«
Der Stellvertreter wartete, bis die Panzer gewendet hatten, und flüsterte dann: »Fernsehen und Tischtennis is a nich. Die neuen Möbel sind do gelogert.«
Obwohl mir die Logik dieses Satzes nicht einleuchtete, wagte ich keine weitere Nachfrage. Hatte man die leitenden Angestellten erst mal durch dumme Fragen verärgert, konnte der Urlaub zur Hölle werden. Mit an Sicherheit grenzender Wahrscheinlichkeit wurde einem das neben der Toilette gelegene hellhörige Zimmer zugewiesen, bekam man falsche Schließtage für die

umliegenden Ausflugsgaststätten genannt, und jemanden nach den günstigsten Wanderwegen zu fragen konnte damit enden, daß man gegen Mitternacht noch immer im Wald umherstreifte.

»Begrüßungsabend is a nich«, ließ sich der amtierende Heimleiter wieder vernehmen. »Dafür spülen die ›5 Donis‹ mit zwei Mann sonntags von 11 Uhr 35 bis 12 Uhr 5 zum Frühschoppen. Dann müssen se wech.«

»Das reicht doch für uns und die Kinder«, sagte meine Frau.

»Legen Se etwa Wert auf an Lichtbildervortrag über de Schönheiten der näheren Umgebung?« fragte der Stellvertreter solcherart ermutigt, und seine Stimme klang so drohend wie vormals das Rattern der Panzer.

»Nein«, rief ich rasch, weil meine Frau ihre Lippen bereits zu einem zachen »Ja« geformt hatte. Sie ist ein sogenannter visueller Typ.
»Wäre a nisch gegangen«, sagte der designierte Nachfolger und brannte sich eine abgeknabberte Krummpfeife an. »Der Sohn vom Leitner Klaus is a krank. Der schiebt dem Alten immer die Bilderrohmen.«
Wir schauten uns ein wenig bedrückt an. Aber wenigstens würden wir das ganze Heim für uns haben. Das war auch etwas.
Daß es nicht mehr das ganze Heim sein würde, schien selbst für den einzigen Vertreter des Personals überraschend zu kommen. Draußen waren Hämmer und Picken und Hacken zu vernehmen, und durch die gerafften Gardinen sah man, wie sich eine Abrißbrigade am Westflügel zu schaffen machte.
»Des dorf doch nich wohr sein«, sagte der Stellvertreter freudig erregt. »Seit anem Johr worten wir auf die Brüder. Wird olles von Grund auf frisch, hier. Die neuen Möbel ham se gleich geschickt.«
Er rannte nach draußen, begrüßte die Kollegen wie uns mit Handschlag: »Hättet euch wenigstens vorher onmelden können. Is jetzt noch nich leer.«
Gegen Mitternacht hatten wir die Möbel aus dem Westflügel in den Ost- und Mittelflügel hinübergeschafft.
»Mal so richtig ausarbeiten, wos?« sagte der Stellvertreter jovial. »Dos gehört mit zu anem richtigen Urlaub.«
Meine Frau schaute mich hilfesuchend an, aber ich hatte nicht den Mut, das Beschwerdebuch zu verlangen.

»Sie wollen ausziehen, das Fürchten zu lernen? Da können wir Ihnen nur Gruppenreisen anbieten.«

Der Urlaub wurde dennoch ein voller Erfolg. Die Kinder waren begeistert davon, in Hängematten schlafen zu dürfen. Die von uns umgelagerten alten Möbel und die seit einem Jahr lagernden neuen erlaubten das Aufstellen von Betten nicht mehr.
Für uns wurde die zweite Woche etwas problematisch. Die Panzer hatten in der ersten Woche auch nachts vor dem Heim gewendet, und wir konnten bei der nun einsetzenden Stille nicht mehr recht schlafen. Meine Frau stand meist gegen vier Uhr früh auf und bereitete für uns und den Stellvertreter Frühstück, Mittagessen und Abendbrot vor.
Ab und an beteiligte sich auch der kranke Heimleiter an den Mahlzeiten. Er bekam selbstverständlich Schonkost.

Eulenspiegeleien

»Das war früher. Da gehörte das Klappern zum Handwerk.«

Gutschein
für eine Abortbenutzung
Männeraborte
MITROPA LEIPZIG

Reine Zeitfrage
Bei zu geringem Luftdruck im Reifen kannst du schneller im Graben liegen, als du Zeit brauchst, um die Luft abzulassen.

Das Bier wird mit Schweiß gebraut

Arwed Bouvier

Mein Generaldirektor kommt vorbei

Ein Variantenspiel am Nacktbadestrand

1. Ich liege mit meiner Frau am Nacktbadestrand, da kommt mein Generaldirektor vorbei. Mein Generaldirektor ist bekleidet.

1.1. Achtung, rufe ich meiner Frau zu, volle Deckung einnehmen! – Wir stecken beide den Kopf hinter den Wall unserer Strandburg. Der Wall ist fast so hoch wie mein Aktenberg im Betrieb. Der Generaldirektor sieht uns nicht.

1.2. Los, sage ich zu meiner Frau. – Meine Frau erhebt sich und stolziert, nackt wie sie ist, vor dem Generaldirektor ins Wasser.

1.2.1. Der Generaldirektor hat nur Augen für meine Frau; mich entdeckt er überhaupt nicht.

1.2.2. Der Generaldirektor nimmt keinerlei Notiz von meiner an ihm vorüberstolzierenden Frau.

1.2.2.1. Er ist über das Alter hinaus.

1.2.2.2. Er ist kurzsichtig und hat seine Brille vergessen.

1.2.2.3. Hinter dem Generaldirektor geht seine Frau.

1.2.2.4. Hinter dem Generaldirektor geht der Parteisekretär.

1.2.2.5. Der Generaldirektor denkt gerade an die Steigerung der Arbeitsproduktivität, weil er sowieso ständig an die Steigerung der Arbeitsproduktivität denkt.

1.2.3. Statt meiner Frau nimmt der Generaldirektor mich in meiner Strandburg wahr.

1.2.3.1. Der Generaldirektor kommt spornstreichs auf mich zu und läßt sofort die Hosen fallen.

1.2.3.2. Der Generaldirektor zieht eine Botanisiertrommel aus seinem Gepäck und erklärt, hier in der Gegend solle es eine überaus seltene Art von Strandhafer geben; lediglich deshalb sei er an diesem Strandabschnitt unterwegs. Dazu lacht der Generaldirektor

1.2.3.2.1. seine übliche Lache

1.2.3.2.2. dreckig

1.2.3.2.3. seine übliche dreckige Lache.

1.2.4. Da sie nicht ewig im Wasser herumplantschen kann, kommt meine Frau in unsere Burg. Ich stelle den Generaldirektor meiner Frau und meine Frau dem Generaldirektor vor.

1.2.4.1. Der Generaldirektor weiß nicht, wo er hingucken soll.
1.2.4.2. Der Generaldirektor weiß, wo er hingucken soll.
1.2.4.3. Meine Frau sagt zum Generaldirektor, daß sie sich bei ihrem Gehalt leider keinen Badeanzug leisten kann.
1.2.4.3.1. Der Generaldirektor lacht sich halbtot, so etwas Ulkiges hat er noch nicht gehört.
1.2.4.3.2. Der Generaldirektor sagt meiner Frau, daß sie es sich aber leisten kann, sich keinen Badeanzug leisten zu können.

2. Ich liege mit meiner Freundin am Nacktbadestrand, da kommt mein Generaldirektor vorbei. Mein Generaldirektor kennt meine Frau nicht.
2.1. Der Generaldirektor schreitet vorüber, ohne uns zu bemerken.
2.1.1. Ich bin erleichtert.
2.1.2. Ich bin enttäuscht, weil
2.1.2.1. ich meiner Freundin gern gezeigt hätte, daß ich mich selbstverständlich sogar vor dem Generaldirektor zu ihr bekenne
2.1.2.2. ich dem Generaldirektor gern gezeigt hätte, was ich mir für eine flotte Freundin leisten kann.

2.2. Der Generaldirektor entdeckt uns gleich und kommt in unsere Burg.
2.2.1. Ich stelle den Generaldirektor meiner Freundin als Generaldirektor vor.
2.2.2. Ich stelle den Generaldirektor meiner Freundin als einen alten Schulkameraden vor.
2.2.3. Ich stelle den Generaldirektor meiner Freundin als Nachtpförtner unseres Betriebes vor.
2.2.4. Ich stelle meine Freundin dem Generaldirektor überhaupt nicht vor.
2.2.5. Ich stelle meine Freundin dem Generaldirektor als meine Ehefrau vor.
2.2.5.1. Der Generaldirektor erklärt sofort, daß meine Frau es sich aber leisten kann, sich keinen Badeanzug leisten zu können.

3. Ich liege mit meiner Freundin am Nacktbadestrand, da kommt mein Generaldirektor vorbei. Mein Generaldirektor kennt meine Frau seit mehr als hmzig Jahren.
3.1. Der Generaldirektor schreitet vorüber, ohne uns zu bemerken.
3.1.1. Ich bin erleichtert.
3.1.2. Ich bin enttäuscht, weil
3.1.2.1. ich gern gesehen hätte, wie der Generaldirektor empört ist
3.1.2.2. ich gern gesehen hätte, wie der Generaldirektor neidisch ist
3.1.2.3. ich gern gesehen hätte, wie der Generaldirektor äußerlich empört und innerlich neidisch ist.
3.2. Der Generaldirektor entdeckt uns sofort und kommt ohne zu zögern in unsere Burg.
3.2.1. Ich tue so, als ob ich den Generaldirektor nicht kenne.
3.2.1.1. Ich mache mich zu meinem eigenen Zwillingsbruder.

3.2.1.2. Ich mache mich zu einem Ausländer, der kein Wort Deutsch versteht.
3.2.1.2.1. Ich spreche fließend polnisch, der Generaldirektor glaubt mir sofort.
3.2.1.2.2. Ich spreche fließend schwedisch, der Generaldirektor glaubt mir keine Silbe.
3.2.1.2.3. Ich spreche fließend polnisch, der Generaldirektor glaubt mir kein Wort.
3.2.1.2.4. Ich spreche fließend schwedisch, der Generaldirektor glaubt mir auf Anhieb.
3.2.2. Ich tue so, als ob ich meine Freundin nicht kenne.
3.2.2.1. Ich habe sie eben vor dem Ertrinken gerettet.
3.2.2.2. Ich habe sie eben für unseren Betrieb angeworben
3.2.2.2.1. als Sekretärin des Generaldirektors
3.2.2.2.2. als Reinemacherfrau im Verwaltungsgebäude
3.2.2.2.3. als Leiterin unseres Betriebskabaretts.
3.2.3. Ich tue so, als ob ich mich selbst nicht mehr kenne.
3.2.3.1. Ich bin mit den Nerven herunter, weil der Generaldirektor alle Arbeit auf mich abwälzt.
3.2.3.2. Ich bin in meinem Schuldbewußtsein vernichtet, weil der Generaldirektor mich kurz vor dem Urlaub öffentlich kritisiert hat.
3.2.3.3. Ich bin zum Irresein verwirrt, weil der Generaldirektor mich kurz vor dem Urlaub öffentlich belobigt hat.
3.2.4. Der Generaldirektor tut so, als ob er mich nicht kennt.
3.2.4.1. Er ist nur in unsere Burg gekommen, weil er mich für meinen Zwillingsbruder hielt.
3.2.4.2. Er wollte mich lediglich um Feuer bitten für seine Zigarre.
3.2.4.3. Er erkundigt sich
3.2.4.3.1. nach der Uhrzeit
3.2.4.3.2. nach dem Datum
3.2.4.3.3. nach der überaus seltenen Art von Strandhafer, die es nur an diesem Strandabschnitt geben soll.
3.2.5. Meine Freundin tut so, als ob sie mich nicht kennt.
3.2.5.1. Leider hat sie mich mit meinem Zwillingsbruder verwechselt.
3.2.5.2. Leider habe ich sie mit ihrer Zwillingsschwester verwechselt.
3.2.5.3. Leider ist sie von mir mit Gewalt und bösen Worten in meine Burg genötigt worden.
3.2.5.3.1. Der Generaldirektor zieht
3.2.5.3.1.1. ein empörtes Gesicht
3.2.5.3.1.2. die Möglichkeit in Betracht, die Strandpolizei zu alarmieren
3.2.5.3.1.3. meine fristlose Entlassung aus der Botanisiertrommel
3.2.5.3.1.4. mit meiner Freundin in eine andere Burg.

4. Ich liege mit meiner Frau am Nacktbadestrand, da kommt mein Generaldirektor vorbei. Mein Generaldirektor ist eine Generaldirektorin.

4.1. Achtung, rufe ich meiner Frau zu. Wir stecken beide den Kopf hinter den Wall unserer Strandburg. Die Generaldirektorin sieht uns trotzdem.

4.2. Los, sage ich zu meiner Frau. Meine Frau erhebt sich und lädt die Generaldirektorin ein, in unsere Burg zu kommen.

4.2.1. Ich sage zu der Generaldirektorin, ob sie sich denn keinen Badeanzug leisten kann von ihrem Gehalt.

4.2.2. Die Generaldirektorin

4.2.2.1. sagt: nein

4.2.2.2. sagt: wozu.

4.2.3. Ich sage zu meiner Generaldirektorin, daß sie es sich aber leisten kann, sich keinen Badeanzug leisten zu können.

4.2.4. Die Generaldirektorin

4.2.4.1. fragt, ob mich das vielleicht überrascht

4.2.4.2. sagt, ich soll mir meinen Charme lieber für den Betrieb aufheben.

5. Ich liege mit meiner Freundin am Nacktbadestrand, da kommt mein Generaldirektor vorbei. Mein Generaldirektor ist eine Generaldirektorin.

5.1. Das ändert überhaupt nichts an der Geschichte, denn

5.1.1. Generaldirektorinnen kommen viel zu selten vor, als daß sie einfach den Nacktbadestrand entlang gehen könnten

5.1.2. auch Generaldirektorinnen können Zwillinge nicht unterscheiden

5.1.3. auch Generaldirektorinnen können sich nach der Uhrzeit erkundigen.

5.2. Das ändert alles an der Geschichte, denn meine Generaldirektorin ist

5.2.1. keine Raucherin von Zigarren

5.2.2. niemals der Nachtpförtner unseres Betriebes

5.2.3. seit mehr als hmzig Jahren meine Frau.

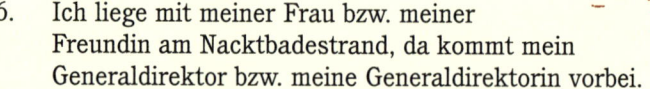

6. Ich liege mit meiner Frau bzw. meiner Freundin am Nacktbadestrand, da kommt mein Generaldirektor bzw. meine Generaldirektorin vorbei.

6.1. Mein Generaldirektor bzw. meine Generaldirektorin findet nichts dabei.

6.2. Meine Frau bzw. meine Freundin findet nichts dabei.

6.3. Ich ebenso wie mein Zwillingsbruder finde nichts dabei.

6.4. Und wenn wir nicht gestorben sind, dann finden wir alle auch nächstes Jahr noch nichts dabei.

Höher, schneller, weiter

Sportlich sportlich

Immer höher, immer schneller, immer weiter – springen, laufen, schwimmen die Sportler der DDR; einer war sogar über die Ostsee in den Westen geschwommen, aber das war keine (Erfolgs-)Meldung. Renate Stecher läuft 1973 als **erste Frau der Welt** die Hundert-Meter-Distanz unter 11 Sekunden, Christine Errath wird Europameisterin im Eiskunstlauf, Hans-Georg Aschenbach Skiflug-Weltmeister. 1974 gewinnt mit dem 1. FC Magdeburg zum ersten und einzigen Mal eine DDR-Mannschaft den **Europa-Cup**. Und dann reist die Nationalmannschaft zur Weltmeisterschaft! Das legendäre **Sparwasser-Tor** fällt im Vorrundenspiel gegen den späteren Weltmeister, die Bundesrepublik, und also waren wir nicht nur die größte DDR der Welt, sondern eigentlich **Weltmeister**! Der Stern titelt: »Die besseren Deutschen gewannen«, und Günter Gaus kommentiert: »Sparwasser schuf vorübergehend aus dem Sein der DDR ein Selbstbewußtsein.« Selbstbewußt flitzen und schwitzen auch die Breitensportler beim **Rennsteiglauf**, der ab 1973 alljährlich veranstaltet wird. Bekanntlich haben die Götter vor den Erfolg den Schweiß gesetzt – wie also sieht ein Sportlerleben aussieht? Doch nicht etwa wie bei »Klein-Karli«, der – unerhört! – nur aus Lust und Liebe und nicht für den zu erringenden Lorbeer Sport treibt.

Irmgard Abe

Ein Sportlerleben

Seine große Sportbegeisterung hatte Karli ohne Zweifel vom Vater geerbt. Keine Sportart, die sie ausließen, die beiden. Ob Schwimmen, Fußball oder Boxen, selbst Hockey und Rugby – Karl und Karli waren immer dabei. Jeden Mittwoch, jeden Sonnabend, jeden Sonntag.

Karl hatte den kleinen Karli gern um sich, denn der konnte ihm zwischendurch mal ein Bier holen oder neue Zigaretten. Und es war ausgerechnet Karline, die diese harmonische Zweisamkeit jäh zerstörte. Sie platzte mitten hinein in ein Fußballspiel, riß die Gardine weg, das Fenster auf und sprach: »Draußen sind dreißig Grad. Zum See sind zwei Kilometer. Vielleicht solltest du mit deinem Sohn mal baden gehen.«

Karl klappte den Unterkiefer runter: »Das hier ist ein Pokalspiel!«

»Mal ganz was Neues!«

»Aber hinterher kommt Schwimmen!«

Da erkannte Karline die Symptome dieser grauenhaften, unheilbaren Krankheit, und weil sie eine sehr tatkräftige und obendrein ziemlich hitzige Person war, riß sie den kleinen Karli augenblicklich aus der verseuchten Zone und warf den Benommenen wenig später ohne lange Wippchen eigenhändig ins frische, klare Seewasser.

Karlis Vorsprung war so groß, daß er schon eine stärkende Bockwurst verdrückt hatte, bevor der Zweite über den Zielstrich schaukelte.

Zu Tode erschrocken schlug Karli um sich – und schwamm. Das war unglaublich! Das war ein Wunder! Karli schwamm und schwamm, er schwamm den ganzen Sommer, und wenn seiner Mutter die Luft ausging, piepste er lässig: »Na, Mädchen, soll ich dich rädden?«

Aber kein Glück währt ewig. Erste gelbe Birkenblätter trieben auf dem Wasser, später nur noch einsame, traurige Enten, und bevor der See ganz zufror, gelang es Karline, Karli an Land zu ziehen.

Vorausblickend hatte sie ihm Schlittschuhe mitgebracht, doch Schlittschuhe lehnte Karli ab. Er wollte schwimmen. Auch im Winter.

»Schwimmen is äben mei Läben!« Mit so schlichten Worten erläuterte er seine Besessenheit.

»Wir müßten mit ihm in die Schwimmhalle gehen.«

»Demnach haben wir eine Schwimmhalle?« Karl fragte mehr der

Höflichkeit halber, denn was sollte ihm irgendein popliges NAW-Planschbecken, wenn er in den großen Wettkampfhallen der Welt zu Hause war!
Der Bademeister reichte Karline leutselig seine patschnasse Riesenflosse: »Welche SG, BSG, welcher Club? Oder kommen Sie zum orthopädischen Schwimmen?«
»Wir kommen ganz einfach so. Aus Lust und Liebe«, gestand Karline freimütig. Der Wassermann lächelte. Er kannte die laienhaften Vorstellungen vieler Mütter über die Benutzung einer solchen öffentlichen Einrichtung.
Karli weinte den ganzen Abend, und Karline konnte das schon nicht mehr hören: »Der Mann hat doch gesagt, spätestens in der dritten Klasse kommst du rein, zum Schwimmunterricht.«
»Äben nicht!« heulte Karli nur lauter.
»Wer schon schwimmen kann, dorf nich. Wächen Platz.«
»Herrgott! Sei doch nicht so dämlich, Dann mußt du eben lügen.«
»Was ist los! Warum soll der Junge lügen? Was ist hier überhaupt wieder fürn Affentheater?« Der empörte Karl drückte den weinenden Karli an sich: »Komm, mein Junge, die Dresdener spielen wieder wie die Götter. Das muß man gesehen haben!«

Doch das Unglaubliche geschah: Die große bunte Glastür öffnete sich für Karli. Und ganz einfach war es zugegangen, ganz normal. Die BSG DELPHIN suchte Schwimmtalente.
Karli durfte vorschwimmen. Fiebernd vor Aufregung, spulte er alle Disziplinen ab, er sprang todesmutig und tauchte sogar länger als bei seinen abendlichen Übungen in der Badewanne. Die Experten sahen sich vielsagend an. »Dieses Talent, gepaart mit heller Begeisterung und großem Mut – Teufel, Teufel!«
Fortan war Karli Stamm in der Schwimmhalle, seine knallrote Badehose und seine leuchtendgelbe Kappe bekamen einen Ehrenplatz über seinem Bett, die ganze Wohnung duftete wie frischgebadet. Bis Karline eines Tages nach Hause kam und sofort merkte: Hier lag was anderes in der Luft! Ein regelrechter Gestank!
Der rührte von Karlis Badekappe her, die er im Ofen verbrannt hatte. Sie wurde nicht mehr benötigt, die große bunte Glastür hatte sich hinter Karli geschlossen.

Dem Trainer war diese Entscheidung durchaus nicht leichtgefallen, er hatte viel Freude an seinem kleinen Fisch, wie er Karli nannte, gehabt. Aber leider, leider – den Experten war immer klarer geworden, daß Karli nie das erlangen wird, was man eine Schwimmfigur nennt.
»Mit einem Satz: Der kleine Fisch wird kein Goldfisch!« unterbrach ihn Karline erbittert. Das machte ihre hitzige Art, und sie tat dem Trainer unrecht, denn der wußte schon Rat, weil es ihm schade war um einen so begeisterten Sportler mit soviel Ausdauer, Disziplin und Mannschaftsgeist. Alles Tugenden, die beim Rudern zum Beispiel unerläßlich sind.
»Aber er will schwimmen, nicht rudern.«
»Er will Sport treiben, liebe Frau«, korrigierte der Mann aus der Schwimmhalle mild. Und mit dem Trainer des Ruderclubs hatte er schon gesprochen.

Wenn der Junge erst berühmt wird, können wir uns doch immer im Fernseher sehn.

So fügte es sich ganz wunderbar, daß Karli schon drei Tage später Mitglied des SC SCHNELLE WELLE wurde. Statt des abendlichen Badewannentauchens hatte er nun einen Hometrainer in seinem Zimmer aufgebaut und ruderte einen zügigen Schnitt.
Karl war schon einige Male durch ein leichtes Sirren in der Wohnung irritiert worden, aber wenn er den Ton ein wenig aufdrehte, war es verschwunden. Bis ein gewaltiger Bums ihn aufschreckte: Karli hatte die Stehlampe umgerudert.
»Was soll denn der Quatsch? Ich denke, du bist Schwimmer?«
Es hat sich eben anders ergeben, und es ließ sich auch gut an. Alle mochten den eifrigen, freundlichen Karli, seine Kumpels, sein Trainer, nur zeigte sich immer deutlicher ein vermaledeiter Mangel: Ihm lagen die Tempowechsel nicht. So, wie er auf dem ersten Meter loslegte, so blieb er bis zum letzten bei, ruderte mit nie gesehener Gleichmäßigkeit seinen Stiebel runter und brachte die ganze Mannschaft durcheinander.
Da mußte man sich leider von ihm trennen, das leuchtete ein.
»Aber schade ist es doch«, klagte der Trainer, »sogar verdammt schade, denn er ist so locker in der Schulter und Hüfte wie kein zweiter. Bestimmt würde er ein guter Geher, sogar ein verdammt guter.«
Und damit sollte er absolut recht behalten.
Mit seiner Ausdauer, der Gleichmäßigkeit seiner Bewegungen und seiner verdammt lockeren Hüfte ließ Karli in der BSG STURMSCHRITT alle stehen. Ließ sie einfach stehen. Mitunter war sein Vorsprung so groß, daß er schon eine stärkende

Bockwurst verdrückt hatte, bevor der Zweite über den Zielstrich schaukelte.
Karl hatte sich an das allabendliche Vibrieren des Fußbodens – wenn Karli seine Einschlafrunden ging – längst gewöhnt, als plötzlich befremdende Stille im Kinderzimmer herrschte.
Voller unguter Ahnungen öffnete er die Tür und sah das Jammerbild: Karli weinte, Karline weinte, und es war auf Anhieb nicht auszumachen, wer mehr Wasser verschüttete.
Dabei war durchaus Anlaß zu großem Stolz. Karlis überragende Begabung als Geher war erkannt und anerkannt worden. Er sollte delegiert werden zur Sportschule und auf der Laufbahn eines Leistungssportlers weitergehen, gleichmäßig, zielbewußt und locker in der Hüfte.
»Na und?« sprach Karl. »Gratuliere.« Er sah keinerlei Grund für Traurigkeit.
»Begreifst du denn nicht«, klagte Karline verzweifelt, »dann ist er ab Herbst weg von uns. Weit weg.«
»Ich will aber nich weg!« schniefte Karli.
»Nun nehmt mal euer bißchen Verstand zusammen«, sprach da Karl mit unerschütterlicher Ruhe. »Wenn der Junge erst berühmt wird, können wir uns doch immer im Fernseher sehn.« Und sehr angetan von diesem wunderbaren Gedanken, überlegte er schon, wo die übernächste Olympiade stattfinden würde.
Karli und Karline jedoch suchten weiter nach einer Möglichkeit, einfach so, aus Lust und Liebe Sport zu treiben.
Das wurde ein Marathon-Hürden-Hindernislauf, der zwar die Muskeln stärkte, die Nerven aber unheimlich schwächte.
So kam es, daß sich Karli wieder stillschweigend zu Karl gesellte, jeden Mittwoch, jeden Sonnabend, jeden Sonntag, und für gleichmäßigen Bierfluß und neue Zigaretten sorgte, bis er mit den Jahren selbst auf den Geschmack kam.

Fußball-Anekdoten

Schwarze Schuhcreme

Fußball-Schuhe aus der DDR-Produktion in den 50er Jahren zeichneten sich nicht durch hervorragende Eigenschaften aus. Als der Armeeverein Vorwärts Berlin 1957 im Meistercup gegen die Wolverhampton Wanderers antrat, griff der Finanzchef der NVA in sein Devisen-Säckchen und ließ in Westberlin Adidas-Fußballschuhe kaufen. Da dieses Spiel aber im Fernsehen übertragen wurde, mußten die Vorwärts-Kicker einen der drei charakteristischen Adidas-Streifen mit schwarzer Schuhcreme abdecken. Eine Auswahl der Nationalen Volksarmee im Fußballstiefel des Klassenfeindes? Undenkbar.

Kartoffelernte

1963 war der Ungar Karoly Soos Trainer der DDR-Nationalmannschaft. Im Oktober bereitete er in der Sportschule Kienbaum die Mannschaft auf die Tokioter Olympiade vor. Da wandte sich die LPG Kienbaum mit der Bitte an ihn, ob die Mannschaft nicht bei der Kartoffelernte behilflich sein könne.
»Hat man so was schon gehört? Eine Nationalmannschaft bei der Kartoffelernte. In diesem Land will jeder Natschalnik sein«, ereiferte sich Soos.
Aber in der DDR galt zuerst Einsicht in die Notwendigkeit. Soos ließ sich erweichen. Eine Trainingseinheit wurde der Ernte geopfert, die Nationalmannschaft belud zwei Wagen mit Kartoffeln.
Als die DDR-Auswahl bei Olympia in Tokio überraschend die Bronzemedaille holte, wurde Soos nach den Besonderheiten seiner Trainingsmethoden befragt. Der Nationaltrainer antwortete den erstaunten Journalisten: »Wir waren Kartoffeln lesen.«

Sachsen-Phobie

1973 mußte die Mannschaft von Bayern-München gegen Dynamo Dresden im Meistercup antreten. Offensichtlich trauten die Bayern ihren Brüdern und Schwestern im Osten nicht über den Weg: Sie übernachteten im bayrischen Städtchen Hof; als Grund wurde der große Höhenunterschied zwischen München und Dresden angegeben. In Dresden aßen die Bayern im Bayernbus die mitgebrachten bayrischen Speisen von ebenfalls mitgeführten bayrischen Tellern, und außer der guten sächsischen Luft ließen sie nichts Sächsisches an ihre bayrische Haut.

Fußball-Touristen

Auch DDR-Bürger sollten live bei der Fußballweltmeisterschaft 1974 dabei sein: Insgesamt 10561 WM-Karten orderte der DTSB und siebte nun die Kandidaten, denn es sollte ja nicht etwa die falsche Mannschaft angefeuert werden: Reisen durften prinzipien- und charakterfeste Bürger, die sich um ihr Vaterland verdient gemacht oder bereits als Reisekader bewährt hatten, auf jeden Fall mußten alle verheiratet sein und der Ehepartner hatte zu Hause zu bleiben. Jeder Bezirk der DDR durfte 110 Kandidaten auswählen. Die wurden dann geschult: wie man sich im Falle einer Provokation durch den Klassenfeind zu verhalten habe und daß sie angesichts des westlichen Lebensstandard nicht »ins Staunen geraten« durften. An alles wurde gedacht, bis hin zum offiziellen Schlachtruf. Das ZK der SED beschloß: »Die DDR-Touristen verwenden bei ihrer Unterstützung der Sportler den bekannten Zuruf der sportbegeisterten Bürger der DDR: ›7-8-9-10 – klasse‹ und spenden kräftig Beifall.«

Spar-Wasser

Ein westdeutsches Unternehmen erwog nach dem WM-Spiel, in dem Jürgen Sparwasser sein berühmtes Tor schoß, ein Sprudel namens *Sparwasser* auf den Markt zu bringen. Man kam davon ab, weil man sich der Doppeldeutigkeit des Wortes bewußt wurde.

Schuhpflege

Peter Ducke, genannt der Schwarze Peter, behauptete: »Ein Schuh, mit dem ich ins Tor getroffen habe, muß so bleiben, wie er ist.« Der geniale Mittelstürmer aus Jena hielt nicht viel von persönlicher Schuhpflege. Auch beim Einlaufen der Töppen legte er viel Eigensinn an den Tag und hatte ein ganz eigenes Verfahren entwickelt: Er ging zum nächstgelegenen Teich, zog die Schuhe an und watete eine halbe Stunde durch den Pfuhl.

John Stave

Das längste Sportgerät

Der einzige Trost, den die Freunde des runden Leders hatten, war das zerbeulte Nasenbein ...

Mir ist neulich aufgefallen, daß ich noch niemals, in meinem ganzen Leben nicht, im normalen Verkehr, also nicht auf dem Sportplatz, einen Stabhochspringer mit seinem Sprungstab getroffen habe. Zum Beispiel in einer Kaufhalle. Das wäre mir bestimmt aufgefallen, wenn da so eine sportlich aussehende Type herumgeschlendert wäre, in der einen Hand das Körbchen, in der anderen den Sprungstab. Selbst wenn er den Stab einfach in die Ecke gestellt hätte, wäre mir das nicht entgangen. Irgendeiner stößt immer mal dran, und wenn eine derart lange Latte mit Getöse umknallt, das hätte bestimmt Aufsehen erregt, einen sogenannten Eklat verursacht. Also wirklich: Noch kein einziges Mal ist mir so ein Individuum mit dem längsten Sportgerät, das es wohl überhaupt gibt, im Alltag begegnet.

Dabei habe ich schon vieles gesehen – ich bin ja für meine Beobachtungsgabe bekannt! –, zum Beispiel Verkehrsunfälle jede Menge. Erst neulich, da sauste ein Trabant mit ziemlich vierzig Sachen auf eine Straßenbahn los. Nicht direkt frontal, da wäre sowieso Feierabend gewesen, hätten sie die Elektrische gleich verschrotten können, nein, mehr seitlich. Wums! Der Trabantfahrer segelte mit seiner Nase gegen die Scheibe, weil er die Gurte nicht umgelegt hatte, aus Angabe vor seiner Frau, die neben ihm saß und ganz wundervoll aussah. Sie selbst, als schwaches Weib, war schön angeschnallt. Deshalb passierte ihr ja auch nichts. Aber ihr Egon oder Helmut, wie er gerade hieß, hatte sich ganz anständig seinen Zinken gebrochen.

Das sagte er auch gleich zu dem Polizisten, daß er – also Egon – zwei Jahre als Junior geboxt hatte. 23 Kämpfe, 14 gewonnen, vier unentschieden und nur fünfmal verloren im ganzen. Aber, sagte er, die Nase immer heil geblieben, das Nasenbein tadellos in Ordnung. Und jetzt – die ganze Boxerehre vor die Hunde gegangen, nur weil die Straßenbahn nicht ausgewichen war.

Die Fahrgäste der Straßenbahn waren selbstverständlich stocksauer. Sie wollten wohl zum Fußball, und nun stand der Wagen über eine halbe Stunde rum. Die nächsten Wagen ebenfalls. Ich weiß gar nicht mehr, wer da überhaupt spielte. Union vielleicht, gegen Dynamo oder Turbine, diese Preislage. In der Sportart bin ich nicht so sehr firm. Ich bin mehr Tischtenniscrack. Habe ja selbst noch im hohen Alter beachtliche Erfolge erzielt. Beispiels-

Eulenspiegeleien

–, und die UdSSR-Trainer rechnen noch immer damit, daß der 1970er Doppelweltmeister Napalkow in den nächsten Tagen wieder ganz vorn explodiert …

23. Juni 1974 1,- DM C 1775 C

Bild am Sonntag

0:1-Schlappe gegen „DDR"

So nicht, Herr Schön!

Unsere Elf braucht einen Sturm ● Auch Netzer konnte nichts mehr retten ● Am Mittwoch gegen die Jugoslawen ● Große WM-Berichte auf 21 Seiten

SONDERAUSGABE

DEUTSCHES sportecho – DIE NEUE FUSSBALLWOCHE fuwo

BERLIN, JULI 1974 Preis: 60 Pf

DDR-Mannschaft bestand in ihrer ersten Endrunde mit gutem Erfolg

Weltmeister wurde der Gastgeber BRD durch einen schwer umkämpften 2:1-Endspielsieg gegen die Niederlande ● Olympiasieger Polen mit hervorragender offensiver Spielweise auf dem dritten Platz ● Der dreifache Weltmeister Brasilien diesmal nur Vierter

Nach Rückkehr unserer Nationalmannschaft von der WM-Endrunde gab das Präsidium des DTSB im Festsaal des Interhotels „Stadt Berlin" einen festlichen Empfang. Paul Verner, Mitglied des Politbüros und Sekretär des ZK der SED, der die Grüße des Ersten Sekretärs des ZK der SED, Erich Honecker, überbrachte, bekam von Jürgen Sparwasser (Mitte) und Bernd Bransch einen Miniatur-Ball und einen Wimpel mit Unterschriften als Erinnerungsgeschenke überreicht. Paul Verner lobte die WM-Teilnehmer, die ihre sozialistische Heimat würdig vertreten haben.

Nach dem 1:0-Erfolg über den Favoriten Gruppensieger

In diesem letzten Spiel der Vorrundengruppe 1 vollbrachte die DDR-Vertretung gegen die BRD ihre beste Leistung während der WM-Endrunde. Jürgen Croy (am Boden) hatte selten solche brenzlige Situation wie hier zu meistern. Unsere Abwehr, von Bernd Bransch (links) glänzend organisiert, stand großartig. Der Kapitän, ein Muster an Zuverlässigkeit, spielte beim letzten WM-Treffen gegen Argentinien (1:1) zum 40. Male hintereinander im Auswahl-Trikot.

… au am 4. Januar in Besitz. Die Elgersburger Wintersportler erneuerten mit Unterstützung des Rates des Kreises Ilmenau ihren Skilift. Mit dem 550 Meter langen Lift werden 130 Meter Höhenunterschied bewältigt. Pro Stunde können Personen befördert werden. Bei den Bauarbeiten leisteten die Elgersburger Sportler 1200 Stunden in freiwilligen Arbeitseinsätzen.

… den und zur Festigung der Sektion beitragen. Eine Gruppe „Nichtschwimmer" für Vorschulkinder und Kinder des 1. Schuljahres soll aufgebaut werden und die Grundlage für weitere Spartakiadeerfolge und Delegierung in die Leistungszentren bilden. Im 1. Halbjahr 1974 wird ein Betriebssport-Schwimm…

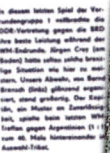

weise gegen Ajax Neptun Köpenick III oder Aufbau Tiefbau II. Da rede ich heute noch gerne drüber. Von meinen Rückhandschmetterbällen haben sich manche eine Scheibe abgeschnitten. Weil sie ungeheuer angeschnitten waren. Ich mußte manchmal direkt selber staunen. Na ja, das ist nun vorbei. Ich habe der Jugend meinen Platz frei gemacht. Wenn es am schönsten ist, spricht der Dichter, soll man eine Sache lieber abschließen.

Wo war ich stehengeblieben? Ach ja! Nun nahmen die Leute natürlich eine äußerst bedrohliche Haltung gegen diesen Helmut ein. Sie schimpften auf alle Trabantbesitzer überhaupt und forderten glattweg, daß so was verboten werden müßte.

Die Frau stand wie ein Fotomodell an den Trabant gelehnt, als wenn es ein Rolls Royce wäre.

Der einzige Trost, den die Freunde des runden Leders hatten, war erstens das zerbeulte Nasenbein, und dann war ja auch der Trabant vorne ziemlich im Eimer, konnte aber nachher doch noch fahren und eventuell weiteren Schaden anrichten. Der Polizist gab den Rat, daß der ehemalige Boxer jetzt vielleicht doch die Gurte anlegen würde, aber da winkte er gleich ganz heftig ab. Am liebsten verbrenne ich das ganze Gelumpe, wo ich mir jetzt meine eigene Nase sauerkochen kann, jammerte der verunglückte Trabantfahrer.

Seine Frau stand die ganze Zeit über wie ein Fotomodell an den Trabant gelehnt, als wenn es ein Rolls Royce wäre. Sie rauchte unentwegt, aber ich muß ehrlich zugeben, daß ehemalige Boxer einen wundervollen Geschmack haben. Schwarze Haare, lange Wimpern, hinten und vorne alles picobello, Beine bis auf die Erde – wie eine echte Italienerin, wenn sie den Mund nicht aufmacht. Doch der Haß der Fußballfreunde von der Straßenbahn schreckte sogar vor dieser ganzen Schönheit nicht zurück. Ein besonders verrückter Fanatiker titulierte die Dame am Ende noch mit Pinie! Zum Glück hatte der ehemalige Boxer es nicht gehört, weil er nur seine eigene Nase im Kopf hatte.

Dann aber war die Sache plötzlich fertig protokolliert und besiegelt, und schon, nach knapp dreißig Minuten, setzte sich alles in Bewegung. Die Fußballfanatiker streckten noch die Zungen heraus beim Vorbeifahren und zeigten dem Ex-Junioren mehrere Vögel.

Also wie gesagt, ich sehe wirklich dieses und besonders jenes, wenn ich so unterwegs bin. Aber, um es noch einmal zu betonen, einen Stabhochspringer in Zivil mit Stab habe ich wahrhaftig noch niemals in meinem ganzen bisherigen Leben gesehen.

PS: Jetzt fällt mir noch ein, daß so ein Stabhochsprunggerät vielleicht doch nicht das allerlängste Sportgerät ist, das es gibt. Achter mit Steuermann ist, glaube ich, noch etwas länger.

Unter vier Augen

Über Verliebte und Verheiratete

Zwei Traumpaare kennt die DDR Anfang der 70er Jahre. Das eine: **Chris Doerk** und **Frank Schöbel** – sie singen, moderieren, haben eine eigene Fernseh-Show, drehen 1973 gemeinsam den Film »Nicht schummeln, Liebling«, sind zu dieser Zeit auch im Leben ein Paar, und Frank Schöbel singt: »Wer, wer, wer ist der glücklichste Mensch der Welt?« Das andere: **Paul und Paula**. Der DEFA-Film »Die Legende von Paul und Paula« mit Angelica Domröse und Winfried Glatzeder in den Titelrollen kommt 1973 in die Kinos. Die Liebesgeschichte zwischen der alleinstehenden Mutter zweier Kinder, die in der Kaufhalle die Flaschen annimmt, und dem karrierebedachten Mitarbeiter des Ministeriums für Außenhandel bewegt die Zuschauer. Sie finden hier nicht nur **große Gefühle**, sondern ihren eigenen Alltag, in dem das vielbeschworene Glück, im Sozialismus zu leben, seine Ecken und Kanten zeigt. Auch einen Traum-Mann hat die DDR nun. Er heißt **Dean Reed**, ist Sänger, Schauspieler – und Amerikaner, der aus politischer Überzeugung in die DDR gezogen ist. 1973 dreht er seinen ersten DEFA-Film, »Aus dem Leben eines Taugenichts«. Wenn Dean Reed sein **We shall overcome** singt, dann weht mit der Friedens- und Solidaritätsbotschaft auch ein Hauch der großen weiten Welt rüber, die für den DDR-Bürger sonst unerreichbar bleibt oder bestenfalls im Kino zu begucken ist. Was allerdings peinliche Folgen haben kann, wie Lothar Kusche erzählt.

Lothar Kusche

Das Schambah-Zepareh-Spiel

Es ist gefährlich, mit einer Frau ins Kino zu gehen, und am allergefährlichsten ist es, mit der eigenen Frau ins Kino zu gehen. Neulich sahen wir so ein olles Stück Film beziehungsweise (wie jene Kinokritiker zu sagen pflegen, die früher in der Konfektion beschäftigt waren) einen Streifen, in dem gezeigt wird, wie eine Ehe beinahe zu Bruch geht, weil die Frau ihren ständig fleißigen und deshalb nicht immer galanten Mann satt hat. Aus diesem Grund erwägt sie, einem entfernten Verwandten (ich glaube, es handelt sich um einen Vetter), jung, schön und blöd, ihre Gunst und so weiter zu gewähren. Dem Ehemann ist das natürlich nicht recht, denn er überlegt sofort, was die Leute dazu sagen könnten; und außerdem kränkt es seine Eitelkeit. Betrogene Ehepartner heucheln zwar mitunter Verständnis, doch schränken sie das meistens mit der Frage ein: Aber ausgerechnet mit dem? Ausgerechnet mit der?

Heutzutage findet man nicht einmal in Interhotels solche Stuben

So auch in jenem Kinostück.

Natürlich will ich nicht die ganze Geschichte wiedererzählen, die ich ohnehin nicht richtig verstanden habe. Nur so viel sei noch gesagt, daß der beinahe betrogene Ehemann unversehens auf die Idee kommt, die eigene Frau wie eine heimliche Geliebte zu behandeln, mit ihr Schönes zu plaudern und sie zu einem ganz feinen Essen im Chambre séparée einzuladen.

An dieser Stelle muß vielleicht für jüngere Leser, die gerade kein Fremdwörterbuch in der Nähe haben, der Begriff »Chambre séparée« erläutert werden. Es handelt sich da um ein »abgesondertes Zimmer«, um einen »Sonderraum in Gaststätten«, in welchem in den alten Zeiten die Angehörigen der herrschenden Klassen unheimlich viel Sekt verbrauchten, um widerspenstige junge Damen einigermaßen spenstig zu machen. Na meinetwegen.

Nach der Vorstellung gingen wir nach Hause, und was sagt meine Frau an der Straßenbahnhaltestelle?

»Mit mir würdest du ja nie in son Schambah Zepareh gehn!«

Flugs entgegnete ich: »Liebling, mit dir würde ich überall hingehen. Indes, die Zeiten des Chambres séparée sind vom Besen der Geschichte hinweggefegt worden, und heutzutage findet man nicht einmal in den Interhotels solche Stuben, in denen

die Besitzenden mit Hilfe erlesener Speisen und Getränke (die in Kino- und Theaterstücken fast immer ungenossen stehenbleiben) um die Gunst junger Damen buhlen, welche sie besitzen wollen; entschuldige bitte den Ausdruck: besitzen!«
»Du findest ja immer eine Ausrede«, sagte sie.
Darauf ich: »Das ist reine Demagogie! Wir können nach Hause fahren und uns in unser eigenes Chambre séparée setzen; es soll dir an nichts fehlen!«
Meine Frau besteht aber darauf, daß ich den Sekt nur aus ihrem Schuh trinken dürfe.
Ich sage. »Du weißt ganz genau, daß die Brandsohle ein Loch hat. Deine feinen Schuhe können doch gar keinen Sekt mehr halten. Außerdem haben wir nur Rotwein im Keller.«

»Ohne Sekt«, meint sie, »macht mir die ganze Verworfenheit keinen Spaß. Ein Schambah Zepareh ohne Sekt ist wie ein Schweizer Käse ohne Löcher.«
Ich biete an, mit dem Taxi zur nächsten Nachtapotheke oder zu einer noch geöffneten Bar zu fahren, um Sekt herbeizuschaffen. Meine Frau ist dagegen. Sie hat gewisse Erfahrungen mit mir gemacht; wenn ich erst einmal eine Nachtapotheke betreten habe, komme ich so bald nicht wieder heraus.
Liebenswürdigerweise ist meine Frau nun bereit, im »Sonderraum« unserer Wohnung (das heißt also: in unserem Wohnzimmer) etwas Rotwein zu trinken – allerdings aus einem Bierseidel. Wir hatten auch mal ein Rotweinglas, aber das hat der Kater in Ermangelung einer Maus vom Tisch gefegt, und Weingläser sind ja bekanntlich noch empfindlicher als Frauen, Musiker oder Dederonstrümpfe.
»Einen Smoking«, sage ich, »besitze ich nicht, wie dir wahrscheinlich bekannt ist; indem will ich meine dunkle Hose mit einem grauen Schal gürten. Das könnte einen gewissen Smoking-Effekt erzielen.«
Der Smoking-Effekt war meiner Frau völlig egal. Sie verlangte nach Hummer-Mayonnaise.
»Gut, meine Liebe. Mayonnaise haben wir, und statt Hummers könnten wir einen Hering hineintun. Oder etwas Salami. Oder Nudeln.«

»Ich will aber Hummer«, sagt sie, »Hummer ist, wenn man trotzdem lacht. Hummer ist der beste Koch! Laß wenigstens eine Selters kommen!«
Ich rufe: »Garçon! Selters!« Er kommt aber nicht. Das liegt daran, daß in unserer Wohnung kein Séparée-Kellner beschäftigt ist. Demzufolge muß ich mich selbst auf den Weg machen, um die Selters aus dem Keller zu holen. Es ist aber keine im Keller. Es sind bloß Kohlen da, Kartoffeln, Brennholz, Knüllpapier, mein kaputtes Fahrrad und sonstiger Kram, den man als galanter Herr einer Dame im Chambre séparée nicht so ohne weiteres anbieten kann. Kundig, wie ich bin, erzeuge ich in unserer Küche unter Zuhilfenahme von Natronpulver, Essig, Zucker und Leitungswasser ein künstliches Erfrischungsgetränk, das einem Schaumwein gleichkommt. Und welch ein Wunder: Meine Frau trinkt davon! Dennoch besteht sie weiter auf der verdammten Hummer-Mayonnaise.
Ich überlege, ob man zu dieser späten Stunde noch irgendwo Hummer-Mayonnaise auftreiben könne, allein mir kommt kein Einfall. Eine Weile telefoniere ich mit Freunden, mit dem Kundendienst »Wohin in Berlin«, mit dem Wetterbericht und so weiter – doch niemand offeriert mir Hummer-Mayonnaise.
Also begebe ich mich wieder in die Küche, öffne eine Bierflasche, überlege, ob ich deren Inhalt aus einem Glas oder aus meinem Schuh trinken soll, entscheide mich der Einfachheit halber für die Flasche und erwärme auf dem Gasherd den nächstbesten Topf, in welchem ich genießbare Speise vermute. Und siehe da! Es ist Spinat darin. Als Beilage fertige ich rasch ein Spiegelei à la Séparée an und serviere meiner Frau diese ganz und gar einmalige, äußert raffinierte lukullische Spezialität.

Ohne Sekt macht mir die ganze Verworfenheit keinen Spaß.

»Hm«, sagt sie, »schmeckt jut.« Das enttäuscht mich etwas, denn in den Chambre-séparée-Kinostücken reden die Damen immer ganz anders.
»Was heißt denn hier: schmeckt jut? Das schmeckt nich jut, sondern allenfalls formidabel oder allobonnöhr oder kommßihkommßah, verstehste?«
Aber da ist es schon zu spät.
Sie hat sich nicht nur etwas Rotwein, sondern auch ein bißchen Spinat auf ihr helles Kleid gekleckert.
»Mayonnaise«, sagt sie scharf, »und Sekt hätte man auf einem gelben Kleid überhaupt nicht bemerkt. Aber dieses Zeug ...«
Frauen kann man es nämlich niemals recht machen.

Inge Ristock

In Sachen Adam gegen Eva

Sie: Wie der dasitzt. Selbstgefällig und arrogant. Wie'n Spießer. Bauch kriegt er. Glatze kriegt er. An der Jacke fehlt 'n Knopf. Seine Neue muß ja 'ne schöne Schlampe sein. ICH hätte ihn nicht so rumlaufen lassen. Sobald die Scheidung ausgesprochen ist, setz ich ihm die Klamotten vor die Tür. Soll er sehen, wo er bleibt. Und ich werde ein neues Leben beginnen.

Er: Sie ist ganz schön üppig geworden. Zu viel Kaffee, zu viel Kuchen, zu viel Schlagsahne. Alles mein Geld. Und diese ewigen Kittelschürzen und selbstgedrehten Löckchen. Wenn ich dagegen an Ramonas Exquisitpullis denke ... Schade, daß durch die Scheidung meine Dienstreise nach Syrien ins Wasser fällt. Kaderpolitik. In Syrien soll Gold billig sein. Und Ramona hat Geburtstag ... den 22. ... Nach der Scheidung werden wir ein neues Leben beginnen.

Sie: Was hatte ich denn die letzten Ehejahre von ihm. Abends kam er spät nach Hause und war zu müde. Sonntags stand er mittags auf und war schlecht gelaunt. Und nachmittags sah er Sport. Um die Kinder hat er sich gar nicht gekümmert. Für die wird er jedenfalls ganz schön blechen müssen. Sein Gesicht möchte ich sehen, wenn ihm mein Anwalt sagt, daß mir die Hälfte unseres ganzen Vermögens zusteht, obwohl ich die letzen 15 Jahre nicht gearbeitet habe ...

Er: Die Bücher nehme ich mit. Sie liest ja doch nicht. Ramona ist zwar auch kein Bildungserlebnis, aber sie ist ja noch sehr jung. Ab morgen nehme ich Vitamintabletten. Und das Konto muß ich sperren lassen. Sie ist imstande und kauft sich einen Persianer. Nur um mich zu ärgern. – Den Wagen nehme ich mit. Sie behält die Kinder ...

Sie: Den Wagen wird er mitnehmen. Großer Gott, wie komme ich dann zum Wochenende ans Wassergrundstück?

Er: Das Biedermeierzimmer muß sie rausrücken, Schließlich war es ein Geschenk MEINER Tante. Nur, wo stelle ich es hin? Und das Wassergrundstück hat SIE geerbt. Wo verbringe ich die Wochenenden?

Sie: Kann ich das Grundstück überhaupt finanziell halten? Dann muß ich ja arbeiten.

Er: Ramona hat ein Zimmer mit Gemeinschaftsküche. Kein Bad, WC eine halbe Treppe höher. Das ist ja Rückschritt in die Urgemeinschaft.

Sie: Aus meinem Beruf bin ich raus. Also morgens um 5 Uhr aufstehen und als Ungelernte täglich acht Stunden arbeiten. Das ist eine Zumutung!

Er: Und mein Wagen, der neue Wagen steht unter einer Laterne und vergammelt. – Das halte ich nicht durch.

Sie: Er kann mich doch nicht in Armut stürzen.

Er: Mir kann doch keiner zumuten, ganz von vorn anzufangen.

Sie: 15 Jahre habe ich ihm die Socken gestopft.

Er: 15 Jahre binden doch.

Sie: Die Ehe war zwar nicht gut …

Er: … aber das Leben nicht schlecht. *(Blickwechsel, Versuch eines Lächelns, Seufzer der Erleichterung, aufstehen, aufeinander zugehen)*

Beide *(mit großem falschem Pathos)*: Wir sind es den Kindern schuldig.

Eulenspiegeleien

Durch die Pflege meiner Ehefrau war meine Gesundheit schwer angegriffen. Kurz entschlossen verhalf man mir zu einer Kur im Staatsbad
Noch
Gefun
von

In jedem Pullover steckt ein wenig Freude drin

MONTAGE-ANLEITUNG
KRIMI
SET

IRENE GUDRUN
ELLEN INGE
RITA STRUPPL

Zwei Polizisten laufen Streife. »Guck mal«, sagt der eine, »da liegt ein Spiegel!« Hebt ihn auf und sieht hinein. »Mensch, den Kerl kenne ich doch. Da muß ich morgen mal in die Fahndungsliste gucken.« Er steckt den Spiegel in die Jackentasche und geht nach Haus. Seine Frau hängt die Jacke auf und kontrolliert gewohnheitsgemäß die Taschen. Sie findet den Spiegel, guckt rein und ruft empört aus: »Dachte ich es mir doch! Fremde Frauen!«

Ein LPG-Bauer reist mit seiner Frau nach Leipzig. Sie kaufen im Konsument am Brühl ein, plötzlich ist die Frau verschwunden. Er sucht sie vergebens und wendet sich schließlich an einen Polizisten. »Ja, wie sieht denn ihre Frau aus?« fragt der Polizist. Der Bauer zuckt die Achseln. »Bürger, Sie müssen doch Ihre Frau beschreiben können!« Der Bauer schüttelt den Kopf. »Passen Sie mal auf«, sagt der Polizist. »Meine Frau, beispielweise, ist schlank, hat langes, blondes Haar, grüne Augen, eine kleine Nase, einen großen Busen …« – »Ach, wissen Sie was«, sagt der Bauer, »lassen Sie uns lieber Ihre Frau suchen.«

Jochen Petersdorf

Oma so lieb

Wer reitet so spät durch Nacht und Wind?
Es ist die Oma mit Enkelkind.
Sie hält den Knaben mit sicherer Hand;
die Eltern des Bübleins sind über Land
zur Party gefahren bei Dachdecker Krause
und ließen das Kind mit der Oma zu Hause.

Nun reitet die Oma, sie reitet nicht gut.
Denn der Knabe schlägt um sich, zur Erde tropft Blut,
und endlich erreicht sie das Kreiskrankenhaus,
die Nachtschwester klopft den Bereitschaftsarzt raus,
der zögert nicht lange, nimmt Sepso und Tupfer,
die Oma vollführt vor Schreck einen Hupfer.

»Schon gut«, sagt der Doktor, »wozu das Geschrei?«
Dann ruft er die Eltern des Kindes herbei.
Die kommen sofort, wollen Näheres wissen.
Der Arzt sagt: »Ihr Kind hat die Oma gebissen!«
»Gottlob«, rufen beide und weinen gerührt,
»wir hatten schon Angst, es sei was passiert.«

Sie nahmen das Kind mit zur Party bei Krause.
Die Oma ritt sachte im Frühdunst nach Hause,
erreichte die Wohnung, ergriff einen Strick,
bestieg einen Stuhl mit großem Geschick,
warf den Strick übern Haken und hängte schnauf, schnauf,
die Wäsche von Tochter und Enkelchen auf.

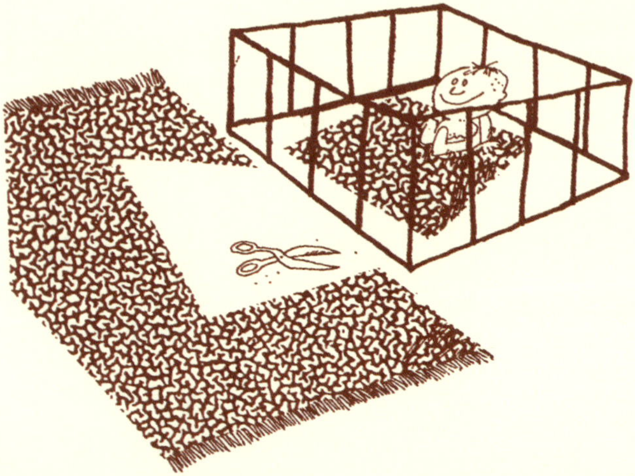

C. U. Wiesner

In einer lauen Sommernacht

Herr Grundgeyer, ein Mensch wie du und ich, verbrachte diese Nacht im Interhotel zu C., sehr zum Unwillen seines Hauptbuchhalters übrigens, der da meinte, bei einigem Eifer könne man auf dem Zimmernachweis eine preiswertere Privatunterkunft finden.

Gegen diese Meinung sprach indessen, daß der Hauptbuchhalter auf seinen Dienstreisen stets in besseren Etablissements abzusteigen pflegte und daß private Vermieterinnen nur höchst selten in ihrem Hauskeller eine Nachtbar unterhalten.

So also saß Herr Grundgeyer schon seit Mitternacht in der Bar des Interhotels und ärgerte sich, daß dort nichts Rechtes los war. Die Bardame, müde und abgespannt, lächelte nur noch gequält über die hin und wieder mehrdeutigen Scherze, mit denen ein Rudel Auch-mal-Lebemänner sie in diversen Sprachen zu ergötzen trachtete. Häufig schüttelte sie den Mixbecher, häufiger noch den Kopf. Wie doch Dienstreisende schon nach dem zweiten Glas vergessen können, daß die Bardamen unserer gemäßigten Breiten im allgemeinen tabu sind!

Unkundig der Geschäftsgebaren eines Interhotels, glaubte Herr Grundgeyer, es handle sich um eine amouröse Sendbotschaft.

»The Lucky Beachcombers«, vier in Meerane ansässige Tanzmusikanten, spielten in elektroverstärkter Schwermut zum dritten Mal an diesem Abend eine elegische Weise, und der Schlagzeuger säuselte rauchig den Text ins Mikrofon:

In einer lauen Sommernacht
am dunkelblauen Meer
hast du dich leise davongemacht.
Nun weine ich so sehr.

Verloren schoben zwei schläfrige Pärchen, dicht bei dicht, über die Tanzfläche. Nicht also Herr Grundgeyer. Einsam saß er an seinem Tischchen, verdrossen über den sentimentalen Schlager und auch sonst. Es war eine Nacht, in der angeblich so viel geschehen kann. Es geschah nichts, wenn man davon absieht, daß der Ober Herrn Grundgeyer diskret ein Papier unter die Serviette schob. Dieser, unkundig der Geschäftsgebaren eines Interhotels, glaubte, bevor er die kleine Zahlenkolonne auf dem Zettel wahrnahm, es handle sich um eine amouröse Sendbotschaft. Allein, von wem hätte sie kommen sollen? Etwa von

dem grauen Mäuschen mit Hornbrille, das sich dort am Ecktisch offenbar vergeblich unterfangen hatte, eine ganze Flasche Wein zu leeren?
Herr Grundgeyer erhob sich. Sein geknicktes Selbstgefühl aufrichtend mit dem Bewußtsein, ein anständiger Mensch geblieben zu sein, steuerte er etwas schleppend die Empfangshalle an. Da erfaßte unversehens eine frische Brise das schlaffe Segel seiner Männlichkeit, bauschte es und ließ ihn zielsicher dem Aufzug zustreben. Es war ein Paternoster, und ein solches hätte Herr Grundgeyer zweifellos gebetet, wenn er gar strengen Glaubens gewesen wäre. Und führe uns nicht in Versuchung ...
Er sah nur noch die Beine dieser fleischgewordenen Versuchung himmelan schweben.

Während er der traumhaft Schönen Feuer gab, überlegte er, wie er sie wohl ansprechen könne, ohne für aufdringlich gehalten zu werden ...

Verwirrt sprang er in die nächste Kabine, schwebte hinterdrein, sich gleichsam hinanziehen lassend vom Ewigweiblichen. Wohin? Das Interhotel hatte der Etagen acht. Herr Grundgeyer spielte va banque, indem er in seinem eigenen, dem siebten Stockwerk ausstieg. Die Dame war schon fast am Ende des Ganges angelangt, wo auch Herrn Grundgeyers Zimmer Nr. 714 lag. Das Hoffen auf ein Wunder beflügelte seine Schritte. Vor der Tür Nr. 713 blieb sie stehen, kramte in ihrer Handtasche, holte ein Päckchen Zigaretten hervor. Die Dame näher zu beschreiben, lehnte Herr Grundgeyer bei der Darstellung dieser Nacht immer ab, weil er fürchtete, spätpubertärer Schwärmerei geziehen zu werden. Während er der, wie wir vermuten dürfen, traumhaft Schönen Feuer gab, überlegte er, wie er sie wohl ansprechen könne, ohne für aufdringlich gehalten zu werden, denn im Grunde war er ein stiller, feiner Mensch. Sie nickte ihm lächelnd zu, zögerte, wie ihn deuchte, für Sekunden und entschwand in ihrem Zimmer.
Mit einem gefrorenen Grinsen betrat Herr Grundgeyer das seine, knipste alle Beleuchtungskörper an und schaltete das Radio ein. Eine schmalzige Stimme sang: »In einer lauen Sommernacht am dunkelblauen Meer ...« Herr Grundgeyer brachte sie zum Verstummen und ging zum Fenster. Die Flügel öffneten sich nach außen. Er probierte verschiedene Winkeleinstellungen aus, und siehe da, wie im Zauberspiegel Goethescher Hexenküche zeigte sich das Bild der Schönen in dem Fensterglase. Sie streifte graziös ihr Kleid über den Kopf; indes verblich die Erscheinung gar zu bald. Da der Dame offenbar kühl wurde, schloß sie das Fenster.

Gegen seine Gewohnheit lehnte Herr Grundgeyer den Kopf an die Wand und lauschte – der Barschnulze, die nunmehr aus dem Radio des Nachbarzimmers tönte. Zerstreut griff er nach seinen Zigaretten, doch war die Streichholzschachtel leer. Seine Züge hellten sich auf, als er, nachdenkend, seine Chance erkannte. Den Teufel auch! Er würde jetzt mir nichts, dir nichts an ihre Tür klopfen und ... Ein den Gang entlangtorkelnder später Gast machte diese Absicht zunichte, indem er Herrn Grundgeyer nicht nur Feuer gab, sondern ihm auch noch lautstark eine Schachtel Streichhölzer aufnötigte.

Mißmutig kehrte Herr Grundgeyer in die Nr. 714 zurück, drückte die Zigarette aus und sann auf neue Varianten, denn er war keineswegs gewillt, die Belagerung aufzugeben. Er nahm die Hotelblumen aus der Vase, übte vor dem Spiegel sein, wie er meinte, herzgewinnendes Lächeln, klopfte an die Schranktür und öffnete sie. Als dabei die Hutablage polternd herabstürzte, verwarf er diesen Einfall als albern und klappte halblaut fluchend seine Reisetasche auf. Darin lag, wohlverwahrt zwischen Socken und Taschentüchern, die Flasche Importweinbrand, die er in einem Spezialgeschäft zu C. erstanden und bis zu seinem Geburtstag aufzuheben gedacht hatte. Vergeblich bemüht, seinem Antlitz die Züge eines Gewohnheitstrinkers zu geben, zerrte er den Korken heraus und griff nach dem Trinkglas für den Intersekt, wie er bei sich die Flasche Selterswasser nannte, welche – täglich eine – in Hotels dieser Kategorie im Übernachtungspreis einbegriffen ist.

»Ja, richtig, ich hab ja morgen auch wieder fünf Sitzungen!«

Herr Grundgeyer, wiewohl noch ziemlich nüchtern, bemerkte auf einmal, daß der Gläser zwei auf dem Tisch standen, was wohl auf ein Versehen der Zimmerfrau zurückzuführen war. Blitzartig durchzuckte ihn eine Idee, die er so genial fand, daß er immerfort vor sich hin kicherte. Nachdem er sich an der Übergardine die Schuhe abgeputzt hatte, stellte er die Weinbrandflasche wie auch die Gläser auf die kunstlederne, Hotelbriefpapier und Servicehinweise enthaltende Schreibmappe, balancierte sie wie ein professioneller Kellner auf der flachen

Hand, trat ohne Schaden auf den Gang hinaus und klopfte an die Tür Nr. 713. Ein versonnenes Lächeln um den Mund, malte er sich aus, wie sich die Dame von ihrer Liegestatt erheben, auf nackten Sohlen durchs Zimmer huschen würde und ... Schon öffnete sich die Tür um einen Spalt.

Hervor schob sich ein behaarter, auffällig tätowierter Männerarm. Eine starke Hand, von einem bläulichen Anker geziert, nahm Herrn Grundgeyer das improvisierte Tablett ab, und eine zweite Hand ließ einen Zehnmarkschein zu Boden flattern, bevor die Tür sich schloß.

In diesem Augenblick kam der Zimmerkellner um die Ecke des Ganges, genau auf Herrn Grundgeyer zu, der sich, leicht verstört, vor der Tür Nr. 713 nach dem Schein bückte.

»Schon gut«, sagte er, indem er dem Ober das Geld in die Tasche stopfte und ihm dafür das Tablett abnahm, auf dem zwei Flaschen Radeberger Exportbier nebst Gläsern standen.

Er nahm dem Ober das Tablett ab, auf dem zwei Flaschen Radeberger Exportbier nebst Gläsern standen.

Nicht sehr melodisch den Singsang von einer lauen Sommernacht am dunkelblauen Meer intonierend, gewann er sein Zimmer. Da der Ober oft anderweitig Grund hatte, sich zu wundern, tat er es diesmal nicht.

Nun wäre das freilich kein allzu lebensbejahender Ausgang für eine Erzählung aus unseren Tagen. Selbst der Hinweis auf den vorzüglich funktionierenden Nachtservice unserer Interhotels könnte noch kein Motiv sein, eine solche Geschichte zu veröffentlichen. Darum sei – der Wahrheit die Ehre! – schon der Ausgang für die möglicherweise zu erwägende Fernsehfassung mitgeteilt. Das Zimmer also, das Herr Grundgeyer gewann, war gar nicht sein eigenes, sondern das des grauen Mäuschens mit Hornbrille, welches, von Herrn Grundgeyer wie auch vom Leser kaum beachtet, ebenfalls in der Bar gesessen hatte. So lernte Herr Grundgeyer seine spätere Ehefrau kennen, und nachdem die beiden gemeinsam ein Fernstudium absolviert haben, üben sie nun beide, jeder in seinem Großbetrieb, eine leitende Funktion aus und wurden bereits mehrfach in der Presse als das vorbildliche sozialistische Ehepaar hervorgehoben.

Wo wir sind, ist vorn

Es geht seinen sozialistischen Gang

Zum 25. Jahrestag der DDR im Jahr 1974 wird der **Bruderbund** mit den Bruderländern – allen voran die Sowjetunion – mit Bruderküssen beschworen. Freundschaft, Zusammenarbeit und gegenseitiger Beistand werden erneut in einem Vertrag festgehalten. Das **Erdöl** des großen Bruders fließt in die rohstoffarme DDR. Parteichef Honecker ist noch nicht Staatschef, genauer **Vorsitzender des Staatsrats**, das wird er erst 1976. Er schwimmt auf der internationalen **Anerkennungswelle**, und aus dem »Gänsefüßchenland« wird ein UNO-Mitgliedsstaat. Auch im deutsch-deutschen Verhältnis tut sich einiges: Korrespondenten werden akkreditiert und die **Ständigen Vertretungen** in Bonn und Ostberlin eröffnet. Die Nase vorn hat die DDR, wenn es ums Spionieren geht; über **unsern Mann in Bonn**, Günter Guillaume, stürzt Bundeskanzler Willy Brandt. Die Leipziger Wissenschaftler bekommen 1974 ein neues Domizil, das Universitätshochhaus, und der Leipziger Kabarettist Jürgen Hart fragt nach Erfolgen, kann aber bestätigen, daß »ideologisch alles klar ist«. Beim **Palast des Volkes** wird Richtfest gefeiert, und überhaupt steht das Volk vorn, zum Beispiel, wenn es – wie der brave Schüler Ottokar – **Spalier** bildet.

Edgar Külow

Eine schlimme Nacht oder Die Kampfgruppenübung

»Herbert! – Herbert!«
»He?«
»Mensch, Herbert, hörste nicht!«
»Was ist denn?«
»Da läutet jemand Sturm.«
»Wo?«
»An der Tür.«
»Wie spät is denn?«
»Dreiviertel zwölf.«
»Das kann doch nicht wahr sein!«

Wieder die schreckliche Klingel. »Genosse Lange, Alarm!«
»Was denn für 'n Alarm?«
»Kampfgruppe.«
»Was denn für 'ne Kampfgruppe?«
»Na, unsere, die fünfte.«
»Ach du Scheiße! Ich bin besoffen!«
Aber sofort kam die Antwort: »Glaubst du denn, das stört den Gegner?«
»Wieso? Sind denn die Amis schon in Fürstenwalde?«
»Los, zieh dich an, aber zack, zack! Kampfgruppenübung.«
»Du, ich bin wirklich besoffen. Ich hab Geburtstag. Ich hab 'ne ganze Flasche Doppelkorn leergemacht. Ich bin völlig fett.«
»Da kommste in'n Stab.«
Herbert Lange kletterte mit einem schrecklichen Fluch gegen motorisierte Verbände und imperialistische Bedrohung langsam über die Mutter, stockte kurz, als er unterm verrutschten Nachthemd ein halbes rosa Bäckchen sah, besann sich aber auf seine vaterländische Pflicht und verschob die ehelichen Freuden auf den turnusmäßigen Sonnabend.
Als er seine in zwei Zimmern verstreuten Sachen zusammen-

geschaufelt hatte, fiel ihm etwas ein: »Annie! Annie! Wo ist denn meine Knarre?«
»Was für 'n Ding?«
»Mein Gewehr!«
»Was denn für 'n Gewehr?«
»Gottverdammich! Die leichte Feldhaubitze, die dem Genossen Kämpfer immer auf dem Rücken rumbammelt.«
»Die haste vielleicht gestern abend wieder unten in der Kneipe stehenlassen!«
Herbert duckte sich, robbte ans Fenster und rief in die Dunkelheit: »Genossen! Meine Knarre ist weg!«
»Komm runter, du Idiot, Knarre kriegste doch noch!«
Die Genossen lagen vier Stunden vorne im Graben, waren völlig durchnäßt, froren und warteten auf den Angriff der Weißen. Die Weißen lagen natürlich in einer Feldscheune und machten Parteilehrjahr.
Am nächsten Tag waren sechzehn rote Genossen krank. Zwölf an den Bronchien, vier an den Füßen.
Nur der besoffene Herbert grinste: »Mir macht das nichts aus. Wenn du körperlich fit bist und einen festen politischen Klassenstandpunkt hast, da kann dir kein Wetter und kein Klassenfeind etwas anhaben.«

Jochen Petersdorf

Wanja

Ein Sowjetbürger in Zivil mit großem Koffer: Sdrastwujtche Towarischtschi! Oder, wie sagt man? Challo Fäns! Nu, Sie merken, ich spreche etwas deutsch. Habe gelernt in DDR.
Iswenitche poschalujsta, Verzeihung, habe noch gar nicht mich gemacht bekannt. Nu wot – ich heiße Wanja. Das ist alte russische Name. Richtig eigentlich Iwan. So wie Iwan Grosny, Iwan der Schreckliche.

Ich Spezialist für Hochspannung, Wanja. Kooperation mit deutschen Genossen bringt Nutzen dreifach ...

Aber Iwan nur schrecklich für Feinde. Für Freunde Zärtlichkeitsform – Wanja. Charascho? Nu wot. Sie gucken und denken vielleicht, ich sowjetischer Soldat, getarnt in Konsument-Anzug. – Sowjetischer Soldat auch Spezialist. Spezialist für Frieden – Entspannung.
Ich Spezialist für Spannung. Hochspannung. Habe gebaut mit deutsche Genossen Kraftwerk. Kooperation, Sie verstehn. Kooperation gute Sache. Bringt Nutzen dreifach. Erstens Strom für DDR, zweitens Kraft für sozialistische Gemeinschaft und drittens, wenn Maschin kaputt, nicht funktioniert, jeder kann schieben Schuld auf anderen. Nu, ich aber denke, es funktioniert. Und so wir werden erreichen »maximale Effektivität in der Befriedigung der ständig steigenden Energiebedürfnisse«. Dieser schöne Satz nicht von mir. Gelesen in Zeitung. Zeitung hat sogar gebraucht ein Bild von mir. Mit Unterschrift: Der sowjetische Spezialist Wanja Karatschow im Gespräch mit dem Minister für Starkstrom. Minister zweiter von links. Aber zweiter von links, das war ich. Nu Moschno, kann sein, es war neuer Redakteur, oder neuer Minister. Wir haben jedenfalls in Kraftwerk alle sehr gelacht. Und das ist doch für Zeitung schöner Erfolg.
Ja, und nun, ich fahre nach Chause. Wir haben Familienfeier. Familie ziemlich groß. Völkerfamilie. 58 Jahre Sowjetunion. Das ist für uns alle schönes Fest. Für Feinde weniger schön. Feinde von Sozialismus sind – wie sagt man – angeschissen. Haben gedacht: In 50 Jahren ist alles vorbei. Nitschewo. »Es fängt ja alles erst an! Und ich weiß genau, daß alles noch viel schöner werden kann.« Sie merken, Russe kennt nicht nur »Im schönsten Wiesengrunde«, sondern auch andere deutsche Schlager. Nu, da.
Nu Verzeihung, ich muß gucken, ob vielleicht kommt Straßen-

bahn. Ich könnte natürlich auch nehmen ein Taxi zum Bahnhof. Aber ich will nicht machen Stadtrundfahrt. Das nur kleiner Scherz. Chumor muß sein. Wer sich nicht selbst zum besten haben kann, der ist gewiß nicht von den Besten. Sagte Professor Hager. Oder Goethe? Nu, ich glaube, besser, sich berufen auf Hager.

Gestern ich gewesen in Kaufhaus. Dort aber mehr aktuell Schiller. Wer zählt die Völker, nennt die Namen!« Ich habe versucht Vorstoß zu Verkäuferin. Aber nicht geglückt. Mußte ich denken an Marx und Engels. »Proletarier aller Länder vereinigt euch« – nur vergessen zu sagen: Aber muß nicht sein in Kaufhaus! Nu gut, wird sich alles einrenken. Man muß haben Geduld. Und gute Konsumgüterproduktion. Dann auch in Geschäft viel Freundschaft.

Aber jetzt mir ist eilig. Sonst Zug dawaj paschli und zu Chause Frau wartet. Frau und Maltschiki. Zwei Stjuck. Einer Stjuck noch klein, und einer groß. Verheiratet und wieder geschieden. Aber er hat schon wieder – wie sagt man – ein Auge geworfen. Aber mit Hochzeit muß noch warten. Neue Braut noch nicht geschieden. Aber ich weiß, dieses Problem auch in der DDR nicht unbekannt. Auch auf diesem Gebiet uns vereint gleicher Sinn, gleicher Mut. Und in dieser Beziehung in DDR pro Kopf der Bevölkerung sogar noch mehr Mut als in Sowjetski Sojus. Aber vielleicht es hat noch anderen Grund. Keine Leute, keine Leute – und deshalb muß man nehmen Frau von anderem.

Nehmen überhaupt sehr modern. Man nimmt Schnaps in Selbstbedienung, Zement auf Baustelle, Werkzeug aus Lagerchalle. Aber ich hab noch nie gehört, daß jemand nehmen Brot. Das zeigt Entwicklung. Früher man gestohlen mit hohlem Bauch, heute mit hohlem Kopf. Man sieht, Problem verlagert sich nach oben. Äußerlich. Doch ich glaube, Tendenz trotzdem geht nach unten. Zu machen krumme Tour wird allmählich immer schwieriger. Überall man stößt auf dasselbe Hindernis: Auf Sozialismus. Und darüber sind schon sehr viele gestolpert. Nach vorn. Doswidanija. Towarischtschi!

»Die Versorgung unserer Menschen hat natürlich Vorrang.«

Jürgen Hart

Unter Kollegen

A: Herr Kollege!

B: Herr Kollege! Nun, was macht denn die Wissenschaft?

A: Komme vor lauter wissenschaftlicher Arbeit nicht mehr zu wissenschaftlicher Arbeit!

B: Wem sagen Sie das! Und nun bin ich auch noch in die Vorbereitung des nächsten Jahrestages hineingezogen worden!

A: Habe davon gehört! Sind Sie nicht zufällig der eigentlich Verantwortliche für die Vorbereitung?

B: Ich bin nicht zufällig der eigentlich Verantwortliche, sondern eigentlich der zufällig Verantwortliche!

A: Und wie sieht es mit der Vorbereitung aus?

B: Günstig! Wir bereiten uns besonders ideologisch vor und haben da einige Dinge ganz hart durchgeboxt!

A: Haben Sie da vielleicht ein Beispiel?

B: Was die Erhöhung der Studienleistungen, der Studiendisziplin und der Studienergebnisse betrifft, werden wir eine gewaltige Steigerung zu verzeichnen haben werden müssen! Auch was die Erhöhung des geistig-kulturellen Niveaus unter den Studenten betrifft, werden wir eine gewaltige Steigerung zu verzeichnen haben werden müssen! Auch was die Organisation dieses geistig-kulturellen Niveaus in Sektions- und Studentenklubs betrifft, werden wir eine gewaltige Steigerung zu verzeichnen haben werden müssen …

A: Und welche konkreten Ergebnisse gibt es?

B: Das ist eine sehr praktizistische Fragestellung!

A: Vielleicht könnten Sie mir die Frage trotzdem beantworten!

B: Wie meinen?

A: Herrgott! Funktionieren nun bei Ihnen die Klubs oder nicht?

B: Natürlich nicht! Aber ideologisch ist alles klar!

Reales Ziel

Mein selbstpädagogisches Ringen
hat folgenden höheren Sinn:
Ich möchte vor allen Dingen
so werden, wie ich bin.

Ernst Röhl

Eulenspiegeleien

Ein Schlachthof in Dresden erfüllt seinen Plan nur zu fünfzig Prozent. Der Direktor meldet fünfundsechzig Prozent an die SED-Kreisleitung. Der Kreisleitungssekretär erhöht auf fünfundsiebzig Prozent. Die SED-Bezirksleitung telegrafiert gewohnheitsgemäß 99,8 Prozent nach Berlin weiter. Im Wirtschaftsministerium wird die Bilanz auf hundert Prozent gerundet. Im Zentralkomitee entscheidet man: »Die Hälfte wird exportiert, der Rest bleibt für den Binnenhandel.«

Schwanebeck
Bernau
Schwanebeck

Unser Friedhof
braucht Dich
Wir treffen uns wieder zum
Zaunbauen
am Mittwoch, 19. Juni ab 16 Uhr

TAGUNG
Grundwasserabsenkung
im
KULTURBUND
am Pfaffenteich

„In unserer Bude läuft's!"

Luftpumpe für Fahrrad dring. zu kaufen gesucht. Schriftl. Ang. u. 696 an SVZ, 26 Güstrow, Domstr. 13

Bürgerfleiß in Städten und Gemeinden beseitigt

Mach-mit-Wettbewerb trägt im 25. Jahr der Republik besonders reiche Früchte

Gott ruft die Staatsführer zu sich und eröffnet, daß am 30. Mai der Weltuntergang sei. »Ich werde Kaviar und Krimsekt an mein Volk verteilen lassen«, sagt Breshnew. »Und ich werde Steaks und Whisky an mein Volk verteilen lassen«, sagt Nixon. »Und ich«, sagt Honecker, »werde den 30. Mai rausarbeiten lassen.«

Ottokar Domma

Als wir Winkerkolonne waren

Ihr denkt vielleicht, winken kann jeder. Man nimmt ein Fähnchen in die rechte oder linke Hand oder in beide, stellt sich irgendwo hin, wo gewunken werden soll, und wenn der Augenblick da ist, wo besonders heftig gewunken werden muß, setzt man die Winkelemente, so heißen sie nach Vorschrift, so in Bewegung, daß den umstehenden Menschen der Hut vom Kopf flattert. Wenn sich der Winksturm zum Orkan entwickeln soll, muß man beim Winken auf- und abspringen und darf keine Rücksicht auf die Zehen anderer Leute nehmen, auch wenn sie uns für blöd halten.

Der höchste Höhepunkt wird aber erst erreicht, wenn man dazu brüllt, daß der Speichel nur so nach allen Seiten fliegt und die Erwachsenen sich ducken müssen, damit sie nicht alles abkriegen. Das nennt man dann Begeisterung. Dagegen darf keiner etwas haben. Die einzigen, die so einem Orkan gewachsen sind, sind Polizisten und Soldaten, die mit ihren Gliedern den Winkraum abgrenzen.

Ottokar malte ein acht Meter langes Spruchband mit der Losung: »Jede Woche einmal Fisch, ziert den schönsten Gabentisch.«

Wir haben das oft geübt, und seitdem einmal bei der Friedensfahrt die Friedensfahrer vor Schreck die Richtung verloren haben und sich zu einem Knäuel vereinigten, sind wir als Winkerkolonne berühmt geworden. Fast jede Woche rief der Chef für Winkangelegenheiten bei uns in der Schule an und befahl dem Herrn Direktor: »Morgen um 10 Uhr am Flughafen Schönefeld!« oder anderswo.

Der Herr Direktor verkniff meistens seine Wut und sagte, »da fallen ja wieder Unterrichtsstunden aus«, aber dann sah er immer ein, daß Winken wichtiger ist als alles andere, und sprach leise: »Jawoll!«

Für uns waren Winktage immer Festtage. Nicht nur, weil wir den Unterricht auf Befehl schwänzen konnten, sondern weil schon die Anfahrt zum Aufstellungsplatz ein Erlebnis war. Im Zug oder Bus probten wir schon. Immer wenn Leute einstiegen, rissen wir die Elemente hoch und riefen im Chor einen vorher ausgedachten Satz wie zum Beispiel: »Wir grüßen die Fahrgäste mit einem dreifachen Hochhochhoch!« Einige sind gleich wieder rückwärts rausgegangen, aber die meisten freuten sich doch über den Empfang. Ist ja wahr. Wo werden werktätige Menschen schon so begrüßt! Vielleicht haben manche davon

einen Gehörsturz bekommen, aber was ist das schon gegen das Erlebnis, auch einmal umjubelt zu werden.

Einmal standen wir drei Stunden an einer Straße. Aber keiner soll denken, daß uns das langweilig war, im Gegenteil. Die Straße führte zu einer berühmten LPG, und immer, wenn ein Traktor oder ein Wagen mit saftigem Mist vorbeifuhr, jubelten wir. Wir haben uns für solche Begegnungen extra Losungen ausgedacht, zum Beispiel: »Stinkt auf dem Wagen der Mist, ändert sich 's Wetter oder 's bleibt wie es ist.« Die werktätigen Bauern freuten sich darüber. Nur einer hat uns mit Mist beworfen. Die Polizei hat danach die Straße für den Verkehr gesperrt, es konnte ja sein, daß ein daherkommender hoher Gast ausrutscht und sich einen Knochen oder mehrere bricht. In der Zeitung würde dann stehen, das war ein unfreundlicher Akt. Das wollen wir nicht, wir sind für freundliche Akte.

Das schönste Erlebnis, welches wirklich passiert ist, war dieses: Eines Tages kam der Befehl durchs Telefon, wir sollen uns an der F1 zum Jubelempfang aufstellen, der Fischkoch kommt vorbei. Alle haben sich gewundert, und der Herr Direktor fragte die Frau Stichlein, ob sie sich nicht verhört hat. Warum gerade der Fischkoch? Die Sekretärin antwortete, es hat ja ein bißchen geknarrt in der Leitung, aber Fischkoch hat sie genau verstanden. Der Herr Direktor glaubte ihr, denn Frau Stichlein ist schon 20 Jahre an der Schule und verhört sich sonst nicht. Meistens hört sie mehr, als gesagt wird, und so eine Sekretärin soll man erst mal suchen.

Dem Fischkoch wollten wir gerne zujubeln. Denn einmal in der Woche tritt er bei uns im Fernsehen auf und erzählt Fischrezepte, die er auch vorführt und für die Zuschauer vorschmeckt. Er ist sehr beliebt, weil er aus Rostock kommt, ziemlich dick ist und einen Schnurrbart hat. Darum dachten wir uns was Besonderes für seinen Empfang aus. Wir malten ein

acht Meter langes Spruchband mit der Losung: »Jede Woche einmal Fisch, ziert den schönsten Gabentisch. Der Fischkoch vom Meeresstrande soll hochleben im ganzen Lande!«
Dieses Gedicht hat unsere brave Bärbel geschrieben. Wir stellten uns also an die F1, wo schon mehrere werktätige Empfängnisdelegierte standen und drängten uns vor, damit der Fischkoch auch unser Transparent lesen konnte. Aber das wollten wir erst öffnen, wenn er vorbeifährt. Sollte eine Überraschung sein.
Nach einer Stunde kam ein Polizeiauto mit Blaulicht, dann eine Weile nichts. Dann ein einzelner Motorradfahrer, der gab Zeichen, daß es gleich soweit ist. Dann brummte eine Motorradstaffel heran, zwölf Stück waren es, und dann eine Staatskalesche mit verdunkelten Fenstern. Da hatten wir unser Transparent schon aufgerollt. Aber leider konnten wir den Fischkoch nicht sehen, er uns bestimmt. Schade, dachte ich. Da wird schon so ein berühmter Mann bejubelt, und er winkt nicht mal zurück. Es ist nicht gut, wenn einfache Werktätige so hochgejubelt werden. Die vergessen dann schnell, daß sie aus dem einfachen Volk kommen.
Am Abend brachte die Aktuelle Kamera eine Sendung darüber, und es stellte sich heraus, das war gar nicht der Fischkoch, sondern nur der bulgarische Präsident Schifkow.

An ihren Bärten sollt ihr sie erkennen:
Barbarossa: Das Volk muß wachsen.
Kaiser Wilhelm: Das Volk zwirbeln.
Hitler: Das Volk kurz halten.
Ulbricht: Die Lage spitzt sich zu.
Honecker: Geht alles glatt.

Die Kampf-Walze

Wir kämpfen in der Leitung
und auch am Aggregat.
Wir kämpfen in der Zeitung,
in jedem Referat.

Wir kämpfen höchst verwegen
den Kampf in Pflicht und Kür,
wir wissen nicht, wogegen,
und oftmals nicht, wofür.

Wir sind nicht mehr zu dämpfen,
wir werden nimmer ruhn.
Was wir auch tun – wir kämpfen,
auch, wenn wir gar nichts tun.

Ernst Röhl

»Ich kenne keine Produkte, ich kenne nur Produktion.«

Zeittafel

1973

5. Januar	17 Staaten, darunter auch Frankreich und Großbritannien, nehmen diplomatische Beziehungen zur DDR auf.
12. Januar	Zum Neujahrsempfang Erich Honeckers erscheinen Diplomaten aus 70 Ländern.
13. Januar	Die 7. Sendung von »Ein Kessel Buntes« löst erheblichen Ärger aus. Ein von Manfred Krug verjazzter Operettentitel und die Kritik von Distel-Kabarettisten an den Neubauten führen zur Entlassung von Mitarbeitern.
2. Februar	Die DDR schließt sich der Wiener Konvention über diplomatische Beziehungen an. Die Vereinbarung regelt die durch das Völkerrecht gewährte Befugnis, Gesandte zu entsenden und zu empfangen.
5.-11. Februar	Christine Errath wird Europameisterin bei der EM im Eiskunstlaufen in Köln.
7. Februar	Die DDR akkreditiert Korrespondenten von ARD und ZDF.
20. Februar	Die UdSSR und die DDR schließen ein zeitlich unbefristetes Rahmenabkommen über Erdöllieferungen der Sowjetunion an die DDR ab.
21. Februar	Kulturminister Hans-Joachim Hoffmann tritt die Nachfolge von Klaus Gysi an.
9.-11. März	In Oberstorf (BRD) wird Hans-Georg Aschenbach Skiflug-Weltmeister.
10.-11. März	Frank Siebeck gewinnt den Europameister-Titel über 60 m Hürden bei den IV. Europa-Hallen-Meisterschaften der Leichtathletik.
15.-16. März	Anläßlich des 125. Jahrestages des Erscheinens des »Kommunistischen Manifests« findet eine internationale Konferenz in Berlin statt.

Beim Bau der Erdgastrasse finden Mitja und Helmut einen Klumpen Gold. »Das melden wir gar nicht«, sagt Mitja, »den Erlös teilen wir uns brüderlich!« Helmut überlegt kurz und meint: »Weißt du, lieber nicht brüderlich, lieber halbe-halbe!«

Karl Marx hat die Existenz zweier deutscher Staaten vorausgesehen. Der Bundesrepublik hat er »Das Kapital« vermacht, der DDR »Das Elend der Philosophie«.

16. März	Manfred Ewald wird Präsident des NOK der DDR.
22.-31. März	Die Eishockey-Nationalmannschaft siegt in Graz (Österreich) im B-Gruppenturnier der Weltmeisterschaft.
27. März	Beschluß des Politbüros zum Bau des Palastes der Republik.
29. März	DEFA-Filmpremiere »Die Legende von Paul und Paula«, Drehbuch Ulrich Plenzdorf, mit Winfried Glatzeder und Angelica Domröse.

Manfred Ewald

13.-14. April Kornelia Ender schwimmt in Berlin Weltrekord über 200 m Lagen in 2:23,01 min und 100 m Schmetterling in 1:03,05 min.

4. Mai Uraufführung von Volker Brauns »Hinze und Kunze« am Theater Karl-Marx-Stadt.

10. Mai DEFA-Filmpremiere »Aus dem Leben eines Taugenichts« mit Dean Reed in der Hauptrolle.

Dean Reed

13. Mai Klaus Köste gewinnt Gold am Reck bei den Europameisterschaften im Geräteturnen in Grenoble.

13. Mai Erster Rennsteiglauf (Testläufe bereits 1971/72).

16. Mai Leonid Breshnew ist zu Besuch in der DDR und überreicht Honecker den Lenin-Orden. Er unterstreicht, daß sich die Wende vom Kalten Krieg zur Entspannung vollzogen hat.

28. Mai Auf einer ZK-Tagung »gestattet« Honecker das Westfernsehn-Gucken (»das ja bei uns jeder beliebig ein- oder ausschalten kann«).

29. Mai Der Biathlet Dieter Speer erhält in Paris den Fairplay-Pokal. Er hatte im olympischen Staffelwettbewerb einem sowjetischen Läufer, dem der Ski zerbrach, seinen Ski geliehen.

30./31. Mai Der Vorsitzende der SPD-Bundestagsfraktion, Herbert Wehner, besucht Erich Honecker.

Frage an Radio Jerewan: »Stimmt es, daß auch Flöhe und Wanzen eine Revolution machen könnten?«
»Im Prinzip ja, denn auch in ihnen fließt das Blut der Arbeiterklasse...«

Ein Funktionär der französischen Bruderpartei besucht die DDR, wird von seinen Gastgebern durch Fabriken und Baustellen geführt und erklärt zum Abschied: »Tröstet euch, Genossen – bei uns arbeitet die herrschende Klasse auch nicht!«

1. Juni Aufbau des Neubaugebietes Kiwitt bei Potsdam (Baubeginn 1966) abgeschlossen.

1. Juni Neue Geldscheine – gültig bis 1990 – ersetzen fließend die 64er Scheine und tragen die Bezeichnung: »Mark der Deutschen Demokratischen Republik«.

7. Juni Renate Stecher läuft in Ostrava als erste Frau der Welt die 100 m unter 11 Sekunden – neuer Weltrekord: 10,9 s.

12. Juni DDR beantragt in New York die Aufnahme in die Vereinten Nationen.

13. Juni Volkskammer ratifiziert den »Grundlagenvertrag«.

15. Juni Ausstrahlung der Show »Chris und Frank«.

28. Juni DEFA-Filmpremiere »Nicht schummeln, Liebling« mit Frank Schöbel und Chris Doerk.

Frank Schöbel

29. Juni Der DEFA-Indianerfilm »Apachen« kommt in die Kinos und liegt in der Zuschauergunst noch vor der »Legende von Paul und Paula«.

3.-7. Juli Während der ersten Phase der KSZE führen die deutschen Außenminister Otto Winzer (SED) und Walter Scheel erstmals direkte Gespräche.

12. Juli	Das Otto-Nagel-Haus wird als Pflegestätte der proletarisch-revolutionären Kunst eröffnet.
20.-22. Juli	Drei Weltrekorde bei den DDR-Meisterschaften der Leichtathleten: Renate Stecher über 100 m in 10,8 s (20. Juli.), über 200 m in 22,1 s (21. Juli); Annelie Ehrhardt über 100 m Hürden in 12,3 s (22. Juli).
28. Juli - 5. August	X. Weltfestspiele der Jugend und Studenten in Berlin. 25600 Teilnehmer aus 140 Nationen reisen an, acht Millionen Besucher kommen nach Berlin.

Weltfestspiele in Berlin. Das ZK telefoniert mit Petrus und bittet um gutes Wetter. – Petrus sagt ab. Also bitten die Genossen beim Teufel. Der sagt: »Einverstanden, ich garantiere schönes Wetter, und ihr sorgt dafür, daß ich Walter bekomme.«

Die Nachfolge Ulbrichts beschäftigt die Gemüter. Aussichtsreicher Vorschlag: Willi Schwabe. Er ist der einzige, der sich in der Rumpelkammer auskennt.

1. August	In Berlin stirbt achtzigjährig Walter Ulbricht.
7. August	Neue Anordnung: Frauen über 40 und Männern über 45 kann die Facharbeiterqualifikation ohne Ausbildung und Prüfung zuerkannt werden. Voraussetzung ist eine langjährige Berufserfahrung.
1. September	Inbetriebnahme des Leipziger Universitätshochhauses, je nach Sicht als »Weisheitszahn« oder auch als »hohler Zahn« bezeichnet.
2. September	Uraufführung der Komödie »Adam und Eva« von Peter Hacks am Dresdener Staatstheater.
9. September	Die Leichtathletik-Nationalmannschaft der Frauen gewinnt in Edinburgh den Europa-Pokal.
12. September	In Eisenach eröffnet das rekonstruierte Bach-Haus und präsentiert eine Sammlung historischer Instrumente.
18. September	DDR wird als 133. Staat in die UNO aufgenommen, die BRD als 134.

Erich Honecker ist zu Besuch bei Leonid Breshnew in Moskau. Der schenkt ihm einen Anzug, der wie angegossen paßt. Als Honecker den Anzug in Berlin anzieht, sind Ärmel und Hosenbeine zu kurz. »Da kannst du mal sehen«, sagt Margot, »wie klein du dich immer in Moskau machst«.

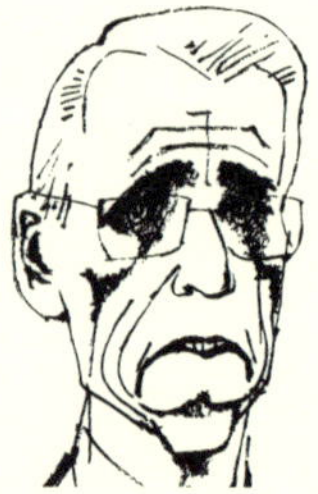

Willi Stoph

21. September	Als Reaktion auf den Militärputsch in Chile bricht die DDR ihre diplomatischen Beziehungen zu dem Land ab.
2. Oktober	Das ZK beschließt das Wohnungsbauprogramm – drei Millionen Wohnungen sollen gebaut werden und bis 1990 die Wohnungsfrage als soziales Problem lösen.
3. Oktober	Willi Stoph wird zum Staatsratsvorsitzenden gewählt.
12. Oktober	Uraufführung von Heiner Müllers »Zement« am Berliner Ensemble.
28. Oktober	Angelika Hellmann gewinnt Gold bei den Europameisterschaften im Gerätturnen in London im Pferdsprung.

2. November Grundsteinlegung für den Palast der Republik durch Erich Honecker.

3. November Die DDR-Fußball-Nationalmannschaft qualifiziert sich zum ersten Mal für eine Weltmeisterschaftsendrunde.

5. November DDR-Finanzminister ordnet Mindestumtausch von 20 Mark bei Besuchern aus nichtsozialistischen Staaten und Westberlin im Verhältnis 1:1 an.

14.-16. November VII. Schriftstellerkongreß, Umbenennung von »Deutscher Schriftstellerverband« in »Schriftstellerverband der DDR«, erneute Wahl von Anna Seghers zur Vorsitzenden.

21. November Der einmillionste »TRABANT« läuft im VEB Sachsenring Automobilwerke Zwickau vom Band.

Ein Esel und ein Trabant treffen sich. »Guten Tag, Auto«, sagt der Esel. »Guten Tag, Pferd«, sagt der Trabant. »Nanu!« staunt der Esel, »warum sagst du Pferd zu mir?« – »Du sagst ja auch Auto zu mir.«

13. Dezember Das bisher blaue Halstuch tragen jetzt nur noch die Jungpioniere, Thälmann-Pioniere bekommen in der vierten Klasse das rote Halstuch.

19. Dezember Durch eine Lockerung des Devisengesetzes ist es DDR-Bürgern nun erlaubt, im »Intershop« einzukaufen.

Was ist dort, wo ein Genosse ist? Ein Weg. – Was ist dort, wo zwei Genossen sind? Eine Straße. – Was ist dort, wo viele Genossen sind? Der Intershop.

23. Dezember Die erste Folge der 16teiligen Spionageserie »Das unsichtbare Visier« läuft im Fernsehen.

1973 verlassen 16189 DDR-Bürger das Land.

Oberliga-Plazierung 1973

1. SG Dynamo Dresden
2. FC Carl Zeiss Jena
3. FC Magdeburg
4. FC Lokomotive Leipzig
5. FC Karl-Marx-Stadt
6. FC Dynamo Berlin
7. FC Vorwärts Frankfurt
8. BSG Sachsenring Zwickau
9. BSG Chemie Leipzig
10. FC Hansa Rostock
11. BSG Wismut Aue
12. FC Rot-Weiß Erfurt
13. FC Union Berlin
14. FC Chemie Halle

Sportler des Jahres:

Kornelia Ender (Schwimmen)

Roland Matthes (Schwimmen)

Fußballmannschaft des SC Dynamo Dresden

Torschützenkönig der Oberliga:

Hans-Jürgen Kreische von der SG Dynamo Dresden mit 26 Treffern

Fernsehlieblinge:

Chris Doerk, Rica Deus, Angelica Domröse, Dagmar Frederic, Sigrid Göhler, Monika Hauff, Jutta Hoffmann, Agnes Kraus, Gisela May, Erika Radtke, Frank Schöbel, Peter Borgelt, Eberhard Cohrs, Klaus-Dieter Henkler, Rolf Herricht, Manfred Krug, Klaus Piontek, Horst Schulze, Reiner Süß, Hans-Joachim Wolfram

neue Bücher:

Jurek Becker »Irreführung der Behörden«

Karl-Heinz Jakobs »Die Interviewer«

Erik Neutsch »Auf der Suche nach Gatt«

Erwin Strittmatter »Der Wundertäter 2«

Franz Fühmann »22 Tage oder die Hälfte des Lebens«

große Hits:

»Ich geh vom Nordpol zum Südpol zu Fuß« Frank Schöbel

»Und ich geh in den Tag« Reinhard Lakomy

»Wenn ein Mensch lebt«, »Geh zu ihr«, »Manchmal im Schlaf« Puhdys

»Gänselieschen«, »Apfeltraum« Klaus-Renft-Combo

1974

1. Januar	Das Länderschild »D« als internationales Kfz-Kennzeichen wird durch »DDR« ersetzt.
5. Januar	Bei der Internationalen Vierschanzentournee BRD/Österreich gewinnt Hans-Georg Aschenbach.
10. Januar	In Ost-Berlin wählt der Zentralrat der »Freien Deutschen Jugend« Egon Krenz zum neuen Vorsitzenden.

Egon Krenz

Zwei Volkspolizisten halten an der Grenze Ost-West einen englischen Autofahrer an. Sagt der eine Polizist zum anderen: »Paul schreib auf, der Mann hat sein Lenkrad auf der falschen Seite«. Darauf der Engländer: »What do you want from me?« Der Polizist zum anderen: »Paul, schreib auf, der Mann redet wirres Zeug.« Der Polizist geht um das Auto des Engländers herum und sieht den Aufkleber mit »GB«. Daraufhin der Polizist ganz aufgeregt zum anderen: »Paul, streich alles, der Mann ist von der Griminal Bolizei.«

28. Januar	Das 3. Jugendgesetz der DDR wird verabschiedet.
7. Februar	DEFA-Filmpremiere »Orpheus in der Unterwelt« mit Rolf Hoppe in der Rolle des Jupiter.
10. Februar	Der 1947 gegründete Feriendienst des FDGB vergibt den 25millionsten Urlauberscheck.
16.-17. Februar	Margit Schumann und Bernd Hahn/Norbert Hahn werden Weltmeister bei den WM im Rennschlittensport in Königssee (BRD).
21. Februar	DEFA-Filmpremiere »Die Schlüssel« mit Jutta Hoffmann.
5.-10. März	In München erringen Christine Errath und Jan Hoffmann Weltmeister-Titel im Eiskunstlauf.

Rolf Hoppe

Die Tiere des Waldes wählen einen neuen Parteisekretär.
Die Ziege? – Nein, die meckert zu viel.
Die Schnecke? – Nein, die ist zu bürgerlich. Hat ein eigenes Haus.
Der Fuchs? – Nein, auch zu bürgerlich. Trägt ständig einen Pelz.
Der Elefant? – Nein, lebt auf zu großem Fuß.
Der Hase? – Nein, ist zu ängstlich.
Die Schlange? – Nein, die kriecht immer.
Der Storch! – Ja, na klar, der Storch! Der steht auf roten Beinen, kann mächtig gut klappern und kommt auch jedes Mal aus dem Westen wieder.

10. März	DEFA-Märchenfilmpremiere »Drei Haselnüsse für Aschenbrödel« (DDR/CSSR).

12. März	Konstituierung des »Wissenschaftlichen Rates für Jugendforschung«.
4. April	DEFA-Filmpremiere »Der nackte Mann auf dem Sportplatz« mit Kurt Böwe.
6. April	In Opole (Polen) erkämpft die Frauenmannschaft des SC Leipzig den Hallenhandball-Europapokal der Landesmeister im Finale gegen Spartak Kiew.
20. April	Auftakt zur Sportinitiative »Eile mit Meile«.
24. April	Der persönliche Referent von Bundeskanzler Brandt, Günter Guillaume, wird unter dem Verdacht der Spionage für die DDR festgenommen.

Kurt Böwe

Ein Maler in einem volkseigenen Betrieb malt die Losung: »Unser Betrieb produziert nur Ausschuß.« Dafür erhält er eine Strafe von 3 Monaten, 3 Wochen und 3 Tagen. – 3 Tage für die Vergeudung von Material, 3 Wochen für die Verschwendung von Arbeitszeit, 3 Monate für den Verrat von Betriebsgeheimnissen.

25. April	DEFA-Filmpremiere »Für die Liebe noch zu mager« mit Simone von Zglinicki.
2. Mai	Die »Ständigen Vertretungen« beider deutscher Staaten nehmen in Bonn und Ost-Berlin die Arbeit auf.
2.-5. Mai	Günter Krüger wird Europameister im Halbmittelgewicht bei der EM im Judo in London.
6. Mai	Eröffnung der Ausstellung »Arbeitskultur im sozialistischen Betrieb« in Erfurt.

Frage an Radio Jerewan: »Soll ich zu einer Tagung in den Westen fahren, obwohl ich die Kosten dafür selbst tragen muß?« »Im Prinzip ja. Sie müssen ja keine Rückfahrkarte kaufen.«

Eine amerikanische Delegation besucht das Ernst-Thälmann-Werk in Magdeburg. Vor der Fabrik steht ein großes Auto. Die Amerikaner fragen: »Wem gehört die Fabrik?« – »Nun, den Arbeitern!« – »Und wem gehört das Auto?« – »Nun, dem Direktor.« »Seltsam, bei uns ist das genau umgekehrt!«

8. Mai	Grundsteinlegung für das Bauernkriegsdenkmal auf dem Schlachtberg bei Bad Frankenhausen.
8. Mai	Als einzige Fußballmannschaft in der DDR-Geschichte gewinnt der 1. FC Magdeburg den Europa-Cup.
16. Mai	DEFA-Indianerfilmpremiere »Ulzana«.
26. Mai	Die S-Bahn-Linie Leipzig-Wurzen (26 Kilometer) wird in Betrieb genommen. Sie fährt auf den Schienen der Reichsbahnstrecke Leipzig-Dresden.
22. Juni	Bei der Fußballweltmeisterschaft stehen sich in Hamburg die Mannschaften der Bundesrepublik und der DDR gegenüber. Die DDR kann das Spiel mit dem sogenannten Sparwasser-Tor in der 78. Minute für sich entscheiden und gewinnt mit 1 : 0 gegen den späteren Weltmeister.

Gojko Mitic

29. Juni — DEFA-Filmpremiere »Liebe mit 16«.

18.-25. August — Die DDR-Mannschaft gewinnt bei der EM im Schwimmen, Springen und Wasserball in Wien 17 Gold-, 15 Silber- und 4 Bronzemedaillen.

27. August — DEFA-Filmpremiere »Die Wahlverwandtschaften« mit Hilmar Thate.

1.-8. September — Gunhild Hoffmeister wird Europameisterin über 1500 m bei der Leichtathletik-EM in Rom.

4. September — Die USA nehmen als letzte der Siegermächte diplomatische Beziehungen zur DDR auf.

Hilmar Thate

Wo wären die amerikanischen Astronauten gelandet, wenn es den Mond nicht gegeben hätte? – Natürlich in der DDR, denn die liegt noch ein Lichtjahr hinter dem Mond.

11. September — Solidaritätsveranstaltung im Friedrichstadtpalast anläßlich des ersten Jahrestages des faschistischen Putsches in Chile.

27. September — Die Volkskammer beschließt eine Verfassungsänderung. Alle Bezüge auf die »deutsche Nation« werden gestrichen.

5.-8. Oktober — Zu den Feiern zum 25. Jahrestag der DDR reist eine Delegation unter Vorsitz Leonid Breshnews an; ein neuer Vertrag über »Freundschaft, Zusammenarbeit und gegenseitigen Beistand« wird unterzeichnet.

Breshnew besucht Honecker, der ihm als Begrüßungsgeschenk einen Teller aus Meißner Porzellan überreicht. Unschlüssig wendet Breshnew den Teller hin und her. »Ist irgendwas nicht in Ordnung?« fragt Honecker. »Doch, doch«, sagt Breshnew, »ich suche nur die Anstecknadel!«

Erich Honecker ist bei Breshnew zu Besuch in Moskau. Dieser will ihm die Ergebenheit der sowjetischen Bevölkerung beweisen. Breshnew steigt auf den Kreml-Turm und ruft dem herbeilaufenden Volk zu: »Wer ist euer Vater?« Antwort: »Du, o Leonid!« – »Wer ist eure Mutter?« Antwort: »Die ruhmreiche Sowjetunion!« – »Und was wollt ihr?« Antwort: »Frieden und Kommunismus!« Honecker ist beeindruckt, will aber Breshnew nun seinerseits die Zufriedenheit der DDR-Bürger beweisen. Zwei Wochen später besucht Breshnew Honecker. Letzterer steigt auf den Palast der Republik in Berlin und ruft: »Wer ist euer Vater?« Antwort: »Du, Erich!« – »Wer ist eure Mutter?« Antwort: »Die DDR!« – »Und was wollt ihr?« Antwort: »Bessere Eltern!«

19. Oktober — Der DDR-Ministerrat beschließt eine Verlängerung der Urlaubszeiten von 15 auf 18 Tage im Jahr. Schichtarbeiter erhalten 21 Urlaubstage.

26. Oktober — Der im Vorjahr verdoppelte Mindestumtausch für Besucher Ost-Berlins beziehungsweise der DDR wird auf 6,50 DM beziehungsweise 13 DM gesenkt.

Im Kapitalismus bekommt man für Geld alles.
Im Sozialismus bekommt man alles, was man für Geld nicht bekommt.

17. November Die katholischen Bischöfe in der DDR wenden sich in einem Hirtenbrief gegen das staatliche Erziehungsmonopol.

18. November Richtfest für den Palast der Republik.

22. November Die Nachrichtenagenturen ADN und dpa schließen einen Vertrag über den Austausch von Nachrichten.

11./12. Dezember Abkommen über die Verbringung von Abfallstoffen aus West-Berlin in die DDR.

Was macht ein Aal in der Saale? – Er lernt Chemiefacharbeiter.

12. Dezember Das Abkommen über die Fortführung der Swing-Regelung im innerdeutschen Handel für den Zeitraum 1976 bis 1981 wird unterzeichnet. Der Swing, ein zinsloser Überziehungskredit, wird von 660 auf 850 Millionen Verrechnungseinheiten erhöht.

19. Dezember DEFA-Filmpremiere »Kit & Co« mit Dean Reed.

19.-21. Dezember Philosophiekongreß in Berlin mit dem Thema: »Objektive Gesetzmäßigkeit und bewußtes Handeln in der soziaistischen Gesellschaft«.

Der Sozialismus hat aus früheren Gesellschaftsformationen jeweils das Beste übernommen: aus dem Kapitalismus das Geld und die Warenproduktion, aus dem Feudalismus die vielen kleinen Könige, aus der Sklavenhaltergesellschaft die Arbeit mit den Menschen und aus der Urgesellschaft die Arbeitsproduktivität ...

22. Dezember Fernsehpremiere des Films »Jakob der Lügner«.

24. Dezember Nach dem großen Erfolg des Films »Florentiner 73« gibt es nun »Neues aus der Florentiner 73« mit Agnes Kraus.

Oberliga-Plazierung 1974

1. FC Magdeburg
2. SG Dynamo Dresden
3. FC Carl Zeiss Jena
4. FC Vorwärts Frankfurt
5. FC Lokomotive Leipzig
6. FC Dynamo Berlin
7. FC Hansa Rostock
8. FC Karl-Marx-Stadt
9. BSG Sachsenring Zwickau
10. BSG Wismut Aue
11. BSG Stahl Riesa
12. FC Rot-Weiß Erfurt
13. BSG Chemie Leipzig

10\. FC Energie Cottbus

1974 verlassen 13252 DDR-Bürger das Land.

Sportler des Jahres:

Kornelia Ender (Schwimmen)

Hans-Georg Aschenbach (Skispringen)

Fußballmannschaft des 1. FC Magdeburg

Torschützenkönig der Oberliga:

Hans-Bert Matoul vom 1. FC Lokomotive Leipzig mit 20 Treffern

Fernsehlieblinge:

Chris Doerk, Monika Hauff, Agnes Kraus, Helga Labudda, Gisela May, Maria Moese, Friedel Nowak, Erika Radtke, Angelika Waller, Marianne Wünscher, Hans-Jürgen Beyer, Peter Borgelt, Ingolf Gorges, Klaus-Dieter Henkler, Rolf Herricht, Andreas Holm, Erik S. Klein, Walter Richter-Reinick, Frank Schöbel, Jürgen Zartmann

neue Bücher:

Erik Neutsch
»Der Friede im Osten«

Brigitte Reimann
»Franziska Linkerhand«

Christa Wolf
»Unter den Linden«

Max Walter Schulz
»Triptychon mit sieben Brücken«

Irmtraud Morgner
»Leben und Abenteuer der Trobadora Beatriz«

große Hits:

»Du hast den Farbfilm vergessen«
Nina Hagen und Gruppe Automobil

»Blues von der letzten Gelegenheit«
Veronika Fischer

»Das Haus, wo ich wohne«
Reinhard Lakomy

»Die Rose von Chile«
Chris Doerk

Nachweise

Die Karikaturen stammen von
Dietrich Bauer: 80 u.
Heinz Behling: 19, 21, 22, 43, 65, 78, 80 Mitte, 113, 119
Manfred Bofinger: 8, 11, 34, 35, 36, 51 u., 55, 58, 73, 79, 91
Henry Büttner: 5 o., 29, 103 u.
Peter Dittrich: 37, 63
Ulrich Forchner: 57
Barbara Henniger: 13, 44, 49, 53, 54, 61, 62, 80 o., 101, 102, 117
Heinz Jankofsky: 95
Harald Kretzschmar: 121, 122, 124, 125, 126
Lothar Otto: 41, 51 o., 104
Harri Parschau: 17, 66, 68, 69, 74, 76, 103 o.
Louis Rauwolf: 31
Thomas Schleusing: 71
Horst Schrade: 32, 33, 50, 89, 92, 93, 99, 110, 111
Karl Schrader: 15, 67, 107, 115
Elizabeth Shaw: 82, 83, 85, 86
Nabil el-Solami: 16
Fotos: Klaus Winkler: 25, 27, 39, 46, 60
Für die freundliche Genehmigung zum Abdruck danken wir den Autoren, Zeichnern und Erben. Nicht in allen Fällen ist es uns gelungen, Rechteinhaber und Rechtsnachfolger zu ermitteln. Berechtigte Honoraransprüche bleiben gewahrt.

ISBN 978-3-359-02229-9

Umschlaggestaltung: Buchgut.com, unter Verwendung des Motivs Models vor Flugzeug, picture-alliance/akg-images
Druck und Bindung: Salzland Druck, Staßfurt

Ein Verlagsverzeichnis schicken wir Ihnen gern:
Eulenspiegel · Das Neue Berlin Verlagsgesellschaft mbH & Co. KG
Neue Grünstr. 18, 10179 Berlin
Tel. 01805/30 99 99
(0,14 Euro/min. aus dem deutschen Festnetz,
abweichende Preise für Mobilfunkteilnehmer)

Die Bücher des Eulenspiegel Verlags
erscheinen in der Eulenspiegel Verlagsgruppe.

www.eulenspiegel-verlag.de